수포자를 위한 미래전략기술

POST SCIENCE/14

수포자를 위한 미래전략기술

우치야마 쓰토무 지음

장은아 옮김

 북스힐

올바른 미래 예측을 하고 싶다면

갑작스러운 질문이지만 여러분은 다음과 같은 증상이 있습니까? 해당되는 항목이 있다면 체크해 보십시오.

☐ 상사가 무리한 목표를 강요해서 스트레스를 받은 적이 있다.

☐ 업무 소요 시간을 잘못 예상해서 납기 내에 끝내지 못해 혼난 적이 있다.

☐ '고객의 니즈를 파악해라'라는 지시를 받았지만, 어떻게 하면 좋을지 몰라 고민한 적이 있다.

☐ 판매 계획, 생산 계획, 재고 계획 등의 '계획을 세워라'라는 지시를 받았지만, 어떻게 해야 할지 몰라 고민한 적이 있다.

☐ 경쟁사의 다음 행보를 예측하지 못한 나머지 경쟁에서 패배하여 '상대의 전략을 미리 알았더라면 우리 회사가 이겼을 텐데'라고 후회한 적이 있다.

☐ 업무 관련 문제가 발생하여 패닉 상태에 빠진 적이 있다.

☐ '눈앞의 일만 보지 말고, 더 긍정적인 미래를 꿈꾸면서 행동해라'라는 말을 들은 적이 있다.

☐ 숫자를 활용해서 사람을 설득하는 것이 힘들다.

□ 중회귀분석, 상관분석, 미분, 적분 등의 용어를 들으면 '어렵다'라는 생각이 든다.

□ 10년 후의 내가 무슨 일을 하고 있을지 불안해진 적이 있다.

3개 이상의 항목에 해당하는 사람은 FF 신드롬입니다. FF는 'Future in Fog'의 약자로 '안갯속의 미래'라는 뜻입니다. 이는 '미래를 예측하지 못하는 증후군'을 의미하는 것으로, 1~2개의 항목에 해당하는 사람은 FF 예비군, 만약 5개 이상의 항목에 해당하는 사람이라면 심각한 FF병에 걸린 것입니다.

'미래를 예측하는 능력'은 오직 인간만이 가지고 있는 기본적인 능력입니다. 이 능력은 본래 모든 사람이 지니고 있지만 FF 신드롬에 걸린 사람은 그 능력이 숨어 버렸습니다.

FF 신드롬의 올바른 대처 방법은 무엇일까요? 답은 단순합니다. 숨어 버린 능력을 다시금 이끌어내기 위해 스스로 미래 예측에 도전해 보는 것입니다. 하지만 자기 마음대로 미래를 예측하면 오히려 증상은 악화될 뿐입니다. 올바른 '미래 예측 방법'을 배워서 전문가의 지도하에 실제로 미래를 예측해 보는 것이 중요합니다.

이 책은 전문가가 FF 신드롬 개선을 위해 집필한 지도서입니다. 만약 지금 서점에서 책을 읽는 분 중에 FF 신드롬에 해당하는 사람이 있다면, 당장 이 책을 구입해 배워 보시기 바랍니다. 여러분이 체크한 증상은 말끔히 사라질 겁니다. 하지만 만약 해당되는 항목이 하나도 없다면 이 책을 읽어도 아무런 효과가 없을 테니, 책을 덮고 제자리에 놓아 주시기 바랍니다.

현대인들에게 '미래를 예측하는' 기술은 다양한 업무 스트레스를 해소해 줍니다. 이 책을 끝까지 읽게 되면 분명히 이런 생각이 들 겁니다.

'어떻게 이런 것도 모르고 지금까지 일을 했을까? 조금 더 빨리 알았다면 고민하지 않았을 텐데.'

예언과 예측

옛날부터 인류는 '미래를 알아맞히는 행위'에 도전해 왔습니다. 수많은 사람들이 미래를 맞히고, 또 실패하는 가운데 미래를 알아맞히는 행위는 거듭되는 논의를 거쳐 두 가지 유형으로 분류되었습니다.

첫 번째는 '직감'을 중요시하는 유형입니다. 아무런 근거도 없이, 오직 날카로운 감을 가지고 미래를 맞히는 것입니다. 이러한 유형은 예언이라고 불립니다.

예언에는 '미래를 내다본 결과'만이 존재합니다. 그렇기 때문에 '왜 그런 미래가 되는지'에 대해서는 설명하지 못합니다. 예언이라는 결과를 주위 사람들에게 믿게 할 방법은 단 하나, '지금까지의 예언이 맞았다'라고 주장하는 수밖에 없습니다. 이것이 흔히 말하는 예언자입니다.

놀랍게도 비즈니스의 세계에서도 의외로 예언을 믿는 사람이 많습니다. '10년 후의 일본의 모습' 같은 책이 잘 팔리는 이유도 이 때문입니다. 하지만 10년 후, 정말 그 사실이 맞았는지 검증한 사람을 본 적은 없습니다.

예언자가 아닌 평범한 사람이 예언을 통해 미래를 맞히려고 하면, 주위에서 그 말을 믿어주지 않기 때문에 오히려 스트레스만 쌓입니다.

비즈니스의 세계에서 예언자 외에 이런 예언적 접근을 사용할 수 있는 사람은 오직 조직의 리더뿐입니다. 그는 자신이 예언한 미래에 대해 주위 사람들의 동의를 얻을 필요가 없는 사람입니다. "나는 지금까지 미래를 알아맞혀 왔다. 그러니 너희는 나를 믿고 얌전히 따라와라."

이 책에서는 예언에 대해서는 다루지 않겠습니다. 그러니 미래에 관한 자신의 감을 향상시키려는 사람은 이 책에서 아무것도 얻을 수 없을 것입니다.

미래를 알아맞히는 행위의 또 다른 유형은 '과거'를 토대로 '어떠한 방법'을 통해 '미래를 내다보는' 것입니다. 바로 예측입니다. 예측에서 중요한 것은 미래를 맞히는 것이 아니라, 자신이 예측한 '미래'에 대한 '주위 사람들의 동의'입니다. '미래를 내다본 결과가 적중할지 아닐지'에 대해서는 아무리 논의해 봤자 소용없습니다. 오직 신이 아니고서는 알 수 없는 일이니까요(예언자도 모릅니다). 그리고 적중 여부에 대해서 토론하다 보면 어느샌가 예측이 예언적 접근으로 변질되어 버립니다. 결국 '누구의 감이 더 좋은가'(또는 '누구 목소리가 더 큰가')로 초점이 바뀝니다.

예측이 예언과 다른 점은 예측에는 '방법'이 있다는 것입니다. 즉 '어떻게 미래를 예측할 것인가, 또는 어떻게 예측했는가'가 중요합니다. 이 '방법'에 대해 주위 사람들이 동의해 준다면 '적중할지 아닐지'에 대해서 토론할 필요는 없습니다. '방법'만 정해지면 예측 결과는 단 하나밖에 존재하지 않기 때문입니다.

반박의 여지를 남기지 않는 예측법

그러면 어떤 '방법'일 경우에 모두가 동의해 줄까요? 그것은 주위 사람들에게 '반박의 여지를 주지 않는 방법'입니다. 즉, 다른 이들이 "이런 방법이 더 낫지 않겠어?"라며 다른 대안을 제시할 수 없도록 하는 '방법'이라고 할 수 있습니다.

세상에는 그런 '완벽한 방법'에 대해 평생 동안 고민한 사람들이 많습니다. 바로 수학자라고 불리는 이들입니다. 그들은 이 '방법'에 대해서만 토론하고('적중 여부'가 아니라), 주위 사람들이 '내가 졌다'라며 승복할 때까지 파고들어 결론을 냈습니다. 그것이 바로 이 책에 기술한 '예측법'입니다. 필자는 수학자가 아니므로, 당연히 필자가 착안한 방법은 아닙니다.

이 책에 쓰여 있는 '예측법'은 필자 같은 평범한 사람들도 활용할 수 있도록, 그리고 누구든지 그 방법을 주위에 설명했을 때 "내가 졌어."라는 대답을 이끌어 낼 수 있도록 천재 수학자들이 고안한 방법입니다. 그렇기 때문에 간결하고 쉽게 쓸 수 있습니다.

수학자들은 이 방법이 더 좋지 않을까 하는 주위의 모든 반론을 잠재우기 위해 고심했습니다. 결국 '방법' 자체는 간단하지만, '왜 이 방법이 최선인가(이것을 증명이라고 합니다)'를 명료한 수식을 통해서 풀이했습니다. 다만 너무나 명료하기 때문에 보통 사람들은 이 수식을 '어렵다'고 느낍니다.

하지만 일반적인 비즈니스 세계에서는 난해한 수식을 사용한 증명(＝반론을 잠재우는 행위)을 할 필요가 없습니다. 이미 이 방법들은 전 세계적인 동의를 얻었기 때문에, 반론이 나올 가능성은 없습니다. 아니, 천재 수학자들이 발견한 '방법'보다 더 훌륭한 '방법'을 일반인이 발견할 가능성 자체가 없습니다.

만약 누군가 반론을 제기할 수 있다면 그것은 오직 '예측이 맞을 것인가'에 대한 반론으로, 결국 예언적 접근입니다. 그런 반론에는 이렇게 대답해 주십시오.

"예측이 맞을지 틀릴지는 오직 신밖에 모른다. 하지만 현재로서, 인류가 발견한 방법은 이것밖에 없다. 다른 좋은 방법이 있으면 알려주기를 바란다."

여러분은 인류의 지혜라고도 할 수 있는 '명쾌한 예측법'을 이해하고 그대로 쓰기만 하면 됩니다. 그렇게 하면 FF 신드롬이 완치될 뿐만 아니라, 주위로부터 "일하는 게 달라졌네."라는 말을 듣게 될 것입니다.

계산은 엑셀에 맡기자

예측은 그 방법만 이해하면 누구나 쉽게 할 수 있습니다. 물론 예측을 하려면 까다로운 '식'에 숫자를 대입해서 계산해야만 합니다. 하지만 여기서 핵심은 '예측식'을 외우는 것이 아닙니다. 암기하려고 해도 너무 복잡한 식이라 일반인은 외울 수도 없습니다(학창 시절에 이 수식을 외우지 못해서 수학을 싫어하게 된 사람도 많을 겁니다). 중요한 것은 '식을 암기하는 것'이 아니라, 그 속에 담긴 의미를 이해하는 것입니다. 의미를 이해하지 못하면 예측의 결과인 '미래의 숫자'를 다른 사람들에게 설명할 수 없습니다.

제대로 이해만 한다면, 수식을 활용한 계산은 엑셀이라는 비즈니스 툴이 '전부' 해 줍니다. 누구나 사용하는 비즈니스 툴인 엑셀로 '예측식'을 계산할 수 있다는 말은, 그 방법이 이미 범인류적 동의를 얻었다는 증거입니다. 그러므로 여러분은 이렇게 생각하시면 됩니다.

'이 책에 나오는 내용보다 더 좋은 방법은 없다.'

엑셀로 예측을 체험해 보자

예측에서 또 한 가지 중요한 점은 실제로 직접 해 보는 것입니다. 한번 해 보고 '나도 할 수 있다'라는 자신감을 가지는 것이 중요합니다. FF 신드롬의 치료약은 '이해'와 '체험'으로, 그 효능은 '자신감'입니다.

이 책에서는 비즈니스 현장에서 흔히 발생하는 사례를 다수 다루고 있습니다. 사례를 읽고 나 자신이라면 어떻게 할지 생각한 후에, 책에 나와 있는 '예측법'을 읽어 보시기 바랍니다. 그리고 직접 체험해 보십시오.

예측을 체험하려면 엑셀이 필요합니다. 각 사례 뒤에 나오는 해결책을 이해했다면 엑셀로 직접 계산해 보시기 바랍니다. 혹시 지하철 등에서 책을 읽느라 당장 컴퓨터를 쓸 수 없다면, 그 부분은 넘어가고 뒷부분을 읽으면 됩니다. 그래서 이 책에서는 **엑셀 활용법**이라는 항목을 별도로 마련했습니다. 활용법에 나온 대로 따라 해 보시기 바랍니다. 아니, 여러분이 이해한 내용을 엑셀이 계산하도록 지시해 보시기 바랍니다.

엑셀 활용법에 대해서는 다음 웹사이트에서도 지원하고 있습니다.

http://www.sbcr.jp/tokuten/future/

이 웹사이트에서는 책에 등장하는 사례의 엑셀 데이터를 다운로드할 수 있을 뿐만 아니라, 실제 엑셀 조작을 '동영상'으로 볼 수 있습니다. 지금까지 엑셀을 별로 써 본 적이 없는 사람이라도 이 사이트의 동영상을 보면 금방 배울 수 있습니다.

그리고 이러한 체험을 통해 '나도 할 수 있다'라는 자신감을 가지시기 바랍니다. 바로 그 자신감이 여러분의 업무를 변화시킬 것입니다.

비즈니스 프로세스에 접근하는 세 가지 방법

이 책의 또 하나의 특징은 '여기 나온 예측법이 내 업무에 적용되지 않는 것은 아닐까?'라는 불안을 없애 준다는 것입니다. 예측이라는 기술은 다양한 비즈니스 업무에 적용할 수 있습니다. 예측은 '미래를 내다보는 일'입니다. 미래를 내다볼 필요가 없는 일이란 이 세상에 없습니다.

그 점을 이해시키기 위해, 이 책에서는 상품 개발 → 생산 → 판매 → 고객 관리 → 경쟁사 대응의 다섯 가지 전형적인 비즈니스 프로세스에 대해서 각각의 예측법을 설명하고 있습니다. 그렇다고 해서 '상품 개발 업무를 하는 사람'은 '해당 부분만 읽으면 된다'라는 뜻은 절대 아닙니다.

어떠한 업무더라도 예측법은 공통적입니다. 이를 다양한 업무에 적용할 수 있다는 사실을 알리기 위해서 최대한 폭넓은 업무 사례에 대해 설명했습니다. 이 책은 '공통적인 예측법'을 세 가지 유형으로 분류하고 있습니다. 확률을 사용하는 예측법(확률적 접근), 통계를 사용하는 예측법(통계적 접근), 미분·적분을 사용하는 예측법(미적분적 접근)입니다.

이들은 예측을 위한 세 가지 화살입니다. 이 세 가지 화살은 모든 업무에 활용할 수 있습니다. 한발 더 나아가 '더욱 심도 있는 예측법'을 배우기 위해 세 가지 화살에 더해 플러스알파로 다섯 가지 고급 예측법을 각 장의 마지막 부분에 추가로 설명했습니다. 바로 지수적 접근, 로그적 접근, 벡터적 접근, 수열적 접근, 리스크적 접근입니다. 그 부분까지 꼼꼼히 읽는다면 세 가지 화살은 더욱 강력한 무기로 업그레이드될 것입니다.

수학 알레르기 해소

이 책은 FF 신드롬의 원인이기도 한 또 하나의 증상을 개선하는 효과도 있습니다. 바로 수학 알레르기입니다. 수학이라는 말만 들어도 움츠러드는 사회인이 많다는 사실은 놀랍기 그지없습니다. 수학은 명확한 이론으로 정리되어 있기 때문에 가장 이해하기 쉬운 학문이며, 또한 모든 학문의 기초이기도 합니다. 그 이유는 수학이 매우 범용성이 높은 학문이기 때문입니다. 따라서 '업무'에서도 수학을 활용할 수 있습니다.

수학과 산수는 엄연히 다릅니다. 산수는 식을 외워서 숫자를 대입하면 끝납니다. 하지만 수학은 제로 베이스에서 출발하여(근본적으로 수학이란 무엇인가 ……), 일일이 이론을 축적해서 주위 사람들이 납득할 수 있도록(앞에서 말한 '증명') 수학자들이 쌓아 올린 학문입니다.

하지만 학교에서 제대로 된 수학을 가르쳐야 할 많은 수학 선생님들이 건성으로 가르친 결과, '수학'은 '산수'로 전락해 버렸습니다. '식을 외우고, 거기에 숫자를 넣어서 계산할 수 있는지를 테스트하는' 것입니다. 그리고 테스트에는 언제나 O 또는 X가 매겨지므로, 기억력이 나쁜 사람은 놀랄 정도로 낮은 점수를 받게 되고 결국은 수학으로부터 멀어집니다. 그리고 확률, 통계, 미적분, 지수, 로그, 벡터, 수열이라는 용어를 듣기만 해도 '지금까지 한 번도 이해한 적이 없었다', '어렵다'라며 알레르기 반응을 보이게 됩니다.

이 책에서 서술한 세 가지 화살인 확률, 통계, 미적분을 비롯한 수학은 사실 매우 '알기 쉬운' 테크닉입니다. 필자도 최선을 다해 알기 쉽게 설명했으니, 만약 여러분이 수학 알레르기가 있더라도 '꼭 이해할 수 있을 거야'라는 마음가짐으로 끝까지 읽어 주시기 바랍니다. 다 읽은 후에는, 분명히 수학 알레르기도 씻은 듯이 나아져 있을 것입니다. 그리고 시간이 있다면 중학교나 고등학교 수학 교과서도 읽어 보기 바랍니다. 아마 머리에 쏙쏙 들어올 겁니다. 그리고 이 내용이 얼마나 다양하게 비즈니스에 활용되고 있는지도 실감할 수 있을 것입니다.

수학은 어느샌가 비즈니스의 인프라로 자리 잡았습니다. 이 사실을 깨닫게 된다면 당신은 이미 비즈니스 엘리트가 되어 있을 것입니다.

목차

들어가며 5

올바른 미래 예측을 하고 싶다면 | 예언과 예측 | 반박의 여지를 남기지 않는 예측법 |
계산은 엑셀에 맡기자 | 엑셀로 예측을 체험해 보자 | 비즈니스 프로세스에 접근하는 세 가지 방법 |
수학 알레르기 해소

0장
예측 도전을 위한 세 가지 화살 17
확률적 접근은 사건에 주목한다 | 과거와 미래는 동일하다 | 흩어짐을 느끼자 |
미분은 특정 시간에 대한 이동량 | 면적으로부터 공헌도를 구하는 적분

1장
상품 개발의 미래를 예측하자 29
성공은 '100의 3' | 간단한 사례부터 살펴보자 | '100의 3'에서 히트 상품이 나오지 않을 가능성은 0 |
대포를 잘 다루지 못해도 많이 쏘면 명중할까? | 기댓값은 미래의 수치 |
100의 3 상품 개발에서는 대박을 노린다 | 레스토랑의 미래를 사전에 예측하자 |
점포 면적과 매출의 상관관계를 알아보자 | 선뿐만 아니라 식도 엑셀에 부탁하자 |
회귀분석을 명확히 정의하자 | 매출은 다양한 요인에 의해 결정된다 |
상품의 라이프 사이클을 미분하자 | 개발 상품의 시장 투입 시기는 언제일까? |
상품 라이프 사이클 곡선을 적분하자 | 경쟁사의 추격을 막으려면?

지식 플러스   지수적 접근   **56**

2장

생산의 미래를 예측하자 63

불량품은 어느 회사의 부품일까? | 베이즈가 고안한 확률 | 수학적 설명 |
스팸 메일 대책에도 활용되는 베이즈 정리 | 수주 생산의 테마는 원가 견적 |
정당한 공수를 산출하자 | 공수에 영향을 미치는 요인 | 상관계수를 설계하자 |
상관계수로 설명변수를 고르자 | 우선 적분을 준비하자 | 종형 곡선으로 생각하자 |
엑셀로 적분하여 확률을 구하자 | '얼마나 만들 것인가'에 대한 적분적 접근 |
적분으로 생산량을 정하자 | 표준편차를 조정해 생산량을 줄이자

지식 플러스   로그적 접근 93

3장

판매의 미래를 예측하자 97

자신의 의견을 숫자로 증명하고 싶다면? | 검정은 역으로 공격하는 것 |
검정이라는 필살기로 상대를 설득하자 | 실험은 언제 멈춰야 할까? |
적합한 판매 목표를 세우자 | 직선으로 내일을 예측하자 | 곡선으로 내일을 예측하자 |
예산은 할당량이 아닌 미래에 대한 예측이다 | 한계이익은 이익에 대한 미분 |
이익을 판매 대수로 변환하자 | 이익을 매출로 변환하자 |
예산은 상의하달식과 하의상달식의 적절한 조합 | 예산의 변화구

지식 플러스   벡터적 접근 122

4장

고객의 미래를 예측하자 127

고객은 얼마나 기다릴까? | 편의점 계산대를 예로 들어보자 |
계산대를 1대 추가하면 어떻게 될까? | 충원할 직원 수를 결정하자 |
퍼텐셜 파이를 파악하자 | 퍼텐셜 파이를 중회귀하자 | 정성적 데이터도 숫자로 표현할 수 있다 |
고객만족도(CS)의 미래를 예측하자 | CS의 적분 변화를 파악하자

지식 플러스   수열적 접근 150

5장

경쟁사의 미래를 예측하자 155

브랜드 파워가 싸움의 승패를 결정한다 | 마르코프 연쇄 |
시뮬레이션으로 점유율을 예측하자 | 승리할 확률이 절반이라면 결과는 어떻게 될까? |
부자는 싸움에서 이길 수 있다 | 경쟁상대의 전략을 예측하자 | 게임을 바꾸자 | 죄수의 딜레마 |
협조 게임 | 경쟁의 치열도 | 최댓값과 최솟값 | 불필요한 경쟁보다는 판매 가격 전략을 세우자

지식 플러스 리스크적 접근 **177**

나가며 181
찾아보기 183

· 이 책에 나온 내용은 엑셀 2016으로 확인했습니다.

예측 도전을 위한
세 가지 화살

0장

본편으로 들어가기 전에, 예측에 쓰이는 세 가지 화살에 대해 간단히 살펴보겠습니다. 확률적 접근은 '과거의 사건', 통계적 접근은 '과거의 숫자', 그리고 미적분적 접근은 '과거의 경향'으로부터 미래를 예측하는 것입니다.

이 세 가지 화살이 의미하는 바를 이해했다면 다음 장에서부터는 비즈니스의 각 과정에서 이들이 '어떻게 쓰이는지' 알아보도록 합시다.

확률적 접근은 사건에 주목한다

예측 기술의 첫 번째 화살은 확률적 접근입니다. 이는 '과거의 사건'에 주목하여 '미래를 예측하는' 방법으로, 확률적 접근은 세 가지 화살 중에서 가장 이해하기 쉬운 도구입니다.

확률이란 어떠한 사건이 미래에 일어날 '가능성'입니다. 이 가능성을 0부터 1(퍼센트라면 100%) 사이의 숫자로 나타내는 것으로, 0은 '절대 일어나지 않음', 1은 '반드시 일어남'을 뜻합니다.

확률은 매우 직감적인 것으로 일상생활에서도 종종 쓰입니다. 10개의 제비 중 당첨이 1개 들어 있을 때, 1개의 제비를 뽑는다면 이것이 당첨일 확률은 얼마일까요?

여러분도 답을 아시겠죠. 바로 $\frac{1}{10}$(10%)입니다. 앞으로의 설명에서도 분수를 사용하도록 하겠습니다.

확률에 대해 좀 더 공부해 보도록 하겠습니다. 그러면 '당첨'이 아닐(=꽝일) 확률은 얼마일까요?

이 경우에는 1에서 $\frac{1}{10}$('당첨'일 확률)을 빼면 답이 나온다는 것도 쉽게 알 수 있습니다. 따라서 답은 $\frac{9}{10}$입니다(10개 중 9개가 꽝입니다). 여기서 어떠한 사건이 '일어나지 않을 확률'은 '1에서 '일어날 확률'을 빼면 된다'라는 결론에 도달합니다.

이 제비뽑기 상자(10개의 제비 중 1개가 '당첨')가 2개 있고 각 상자에서 제비를 1개씩 뽑는다고 가정해 봅시다. 이때 둘 다 '당첨'일 확률은 얼마나 될까요?

이 역시 알 수 있을 겁니다. $\frac{1}{10} \times \frac{1}{10} = \frac{1}{100}$(1%)입니다. 이처럼 두 사건이 '동시에 일어날 확률'은 '곱셈'입니다. 이러한 뺄셈과 곱셈의 의미를 이해했다면 확률적 접근에 대한 준비는 끝났습니다(지금까지의 내용은 중학생 때 배웠을 겁니다).

과거와 미래는 동일하다

두 번째 화살은 통계적 접근입니다. 이는 '과거의 숫자'에 주목하여 '미래를 예측하는' 방법입니다. 원래 '통계'란 '어떠한 것'의 일부분을 조사하여 '전체상'을 파악하는 기술입니다. 여기서 '어떠한 것'은 샘플, '전체상'은 모집단이라고 부릅니다.

신문에 자주 등장하는 여론 조사 등이 바로 그 전형적인 사례입니다. '총리 지지율'을 알고 싶다면 특정 인물(샘플)만 조사하고, 그 지지율이 30%라면 일본 전체(모집단)가 '30%의 지지율'을 보인다고 간주하는 겁니다.

이러한 통계적 사고방식을 예측에 활용하는 것이 통계적 접근으로, '샘플'을 '과거'로 보고 '모집단'을 '과거＋미래'로 봅니다. 이렇게 '과거의 숫자'를 통해 '미래의 숫자'를 예측하는 겁니다. 여기에는 '과거와 미래는 기본적으로는 동일하다'

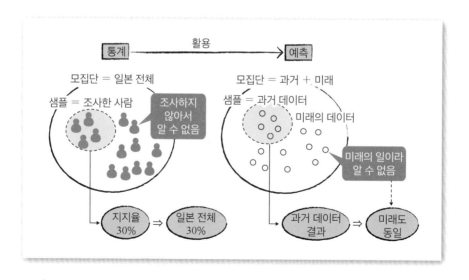

는 전제가 깔려 있습니다.

흩어짐을 느끼자

X라는 서류를 작성할 때 여태까지 12시간, 8시간, 11시간, 9시간이 걸렸다고 가정해 봅시다(이것이 '과거'). 만약 상사가 X 서류를 작성하라고 지시하며 "몇 시간이나 걸릴 것 같나?"(이것이 '미래')라고 물어본다면 뭐라고 대답하겠습니까?

머릿속에 가장 먼저 떠오르는 건, 초등학교 산수 시간에 배운 평균일 겁니다. $(12 + 8 + 11 + 9) \div 4 = 10$이므로 답은 평균 10시간입니다. 이것이 바로 '과거와 미래는 동일하다고 생각하는 것'입니다.

하지만 "10시간 걸립니다."라고 상사에게 대답한다면 과거에 12시간, 11시간이 소요된 경험이 있으므로, 미래에도 두 번에 한 번($\frac{1}{2}$의 확률) 꼴로 기한 내에 끝내지 못하게 될 수 있습니다.

그러면 어떻게 하는 게 좋을까요? 여러분은 12, 8, 11, 9라는 숫자가 흩어져 있다는 사실을 알아챘습니까? 이 흩어진 정도를 '평균과의 차이'라고 표현합니다. 즉 12시간은 평균 소요 시간인 10시간보다 2시간 '흩어져 있다'라는 뜻입니다. 이렇게 흩어진 정도를 나타내는 숫자를 편차라고 부릅니다. 그리고 편차(상기 예시에서는 2, 2, 1, 1)의 '평균'을 낸 것을 표준편차라고 합니다. 다만 이 '평균'은 '4개의 숫자를 더해서 4로 나누는 것'이 아니라 '조금 더 복잡한 방법'으로 계산합니다. 바로 '편차의 제곱값을 구한 후 평균을 내어, 그 제곱근(57쪽)을 구하는 것'입니다.

이렇게 계산하는 이유는 '사람이 느끼는 흩어짐의 정도'와 '이 방법으로 계산한 표준편차'의 체감 수준이 일치하기 때문입니다. 이 계산방식은 범세계적인 동의를 얻고 있으니, 독자 여러분도 동의해 주시기 바랍니다. 그렇게만 한다면 나머

엑셀 활용법 0-1 표준편차

❶ fx(함수를 의미)를 클릭('함수' 사용 시에는 항상 이것을 클릭하므로 이하 활용법에서는 생략)한다.

❷ [함수 검색]란에 [표준편차]를 입력한 후 [STDEV.P]라는 함수를 선택(참고로 '평균'을 낼 때는 [AVERAGE]를 선택)한다.

❸ 대상 값(상기 예시라면 12, 8, 11, 9)을 지정한다.

지는 엑셀이 계산해 줄 겁니다.

엑셀 활용법 0-1과 같이 계산하면 엑셀에 '1.581…'이라는 값이 나올 겁니다. 즉 표준편차는 반올림해서 '1.6'입니다.

만약 Y라는 서류 작성 시간이 6시간, 14시간, 15시간, 5시간이라고 가정해 봅시다. 평균은 동일하게 10시간이지만 아까보다 흩어진 정도가 크다는 사실을 느낄 수 있습니다. 이 표준편차를 엑셀로 계산하면 4.5라는 값이 나옵니다. Y의 흩어진 정도는 평균적으로 X보다 약 3배 큽니다. 즉 '6, 14, 15, 5'는 '12, 8, 11, 9'에 비해 3배 더 흩어져 있다는 뜻입니다. 여러분의 느낌과 일치합니까?

방금 전의 상사의 질문에 대한 답은 다음과 같습니다.

"X 서류를 작성하려면 평균 10시간이 걸리지만 보통 2시간 정도 차이가 날 수 있습니다."

자, 이제 통계적 접근을 위한 준비는 모두 끝났습니다.

미분은 특정 시간에 대한 이동량

세 번째 화살은 수학의 정점이라고도 할 수 있는 미적분적 접근입니다. 이것은 '과거의 경향'에 주목하여 '미래를 예측하는' 방법입니다. '미적분'이라는 용어를 듣는 순간, 어렵다는 생각에 소름이 돋는 사람이 있을지도 모르겠습니다. 아마 미적분이라는 용어로부터, 까다로운 수식이 나열된 이미지를 떠올리기 때문일 것입니다. 미적분은 천재 수학자들이 발견한 상당히 독특한 발상입니다.

미분이란 '계속해서 잘게(微)' '나누는(分)' 것으로, 반복적으로 작게 나누면 경향이 보인다는 뜻입니다. 반면, 적분은 '나눈 것(分)'을 '쌓아올린다는(積)' 뜻으로, 작게 나눈 것을 연결하다 보면 앞으로의 모습이 보인다는 뜻입니다.

먼저 미분부터 살펴보도록 합시다. 어떤 회사에서 인재 육성을 위해 그림 0-1과 같은 표준적 업무 능력의 성장 곡선을 만들었습니다. 즉, '입사해서 퇴직할 때까지 근속연수에 따라 업무 능력이 어떻게 변하는가'를 나타내는 곡선입니다. 이 그림에서는 업무 능력을 '전혀 수행하지 못하는 상태를 0', '완벽하게 수행할 수 있는 상태를 100'으로 보고 있습니다.

이 그림에서 약 10년 차에 해당하는 구간을 보고 '10년 차에는 업무 능력

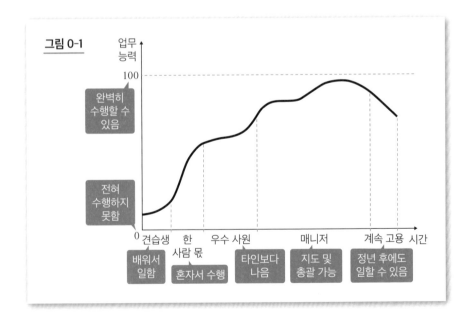

이 어느 정도 성장하는지' 살펴봅시다. 그림 0-2에서 알 수 있듯이, 10년 차에서 13년 차 사이의 구간에서는 업무 능력이 30에서 39로 겨우 9 상승했습니다.

그러면 '이동량'에 대해서 생각해 봅시다. '이동량'이란 'x축(여기서는 시간)이 하나씩 진행될 때 y축이 얼마나 상승하는가(하락하면 마이너스)'를 뜻합니다. 여기서는 x축이 3 진행되고 y축이 9 상승하였으므로 '이동량'은 $9 \div 3 = 3$ 입니다. 이 '이동량'은 그림 0-2의 직선의 '기울기'를 나타냅니다. 이 '3'을 '10년 차 시점에서의 이동량(성장한 정도)'으로 봐도 될까요?

하지만 '이동량'이 약간 작은 듯해 보입니다. 실제로 10년 차에는 이보다 조금 더 늘어났습니다. 다시 한 번 10년 차부터 11년 차 구간을 살펴보겠습니다. 다시 한 번 그림으로 돌아가 봅시다.

그림 0-3은 1년 동안 '4' 상승했으므로 '이동량(직선의 기울기)'은 4입니다. 하지만 아직도 10년 차치고는 조금 작은 것 같습니다.

이번에는 10년 차~10.5년 차(10년 6개월), 10년 차부터 10년 1개월 차, 이런 식으로 점점 간격을 좁혀나가면(10년 차에 근접시켜 가면), 10년 차에 접하는 직선이 보이기 시작합니다. 바로 중학교 때 배운 '접선'입니다(그림 0-4). 이

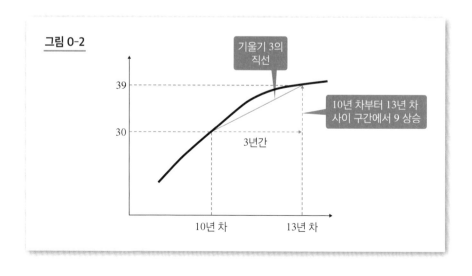

그림 0-2

기울기 3의 직선

10년 차부터 13년 차 사이 구간에서 9 상승

39

30

3년간

10년 차   13년 차

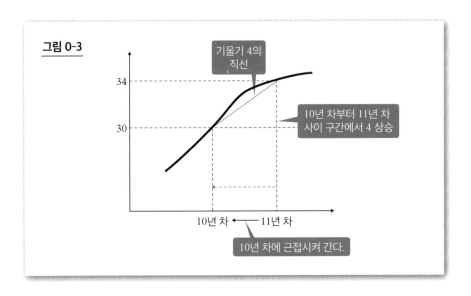

그림 0-3

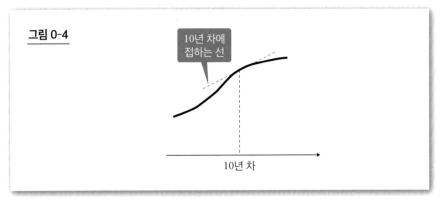

그림 0-4

접선의 '기울기'가 '10년 차의 이동량'과 일치하는 느낌이 듭니다. 여기서 10년 차의 '이동량'을 10년 차의 미분계수라고 부릅니다.

　앞에서도 말했듯이 미분이란 '계속해서 잘게 나눈다'는 뜻입니다. '10년 차부터 11년 차' → '10년 차부터 10.5년 차' → '10년 차부터 10년 1개월 차' …… '딱 10년 차'처럼, 한없이 잘게 자르는 것이 보일 겁니다. 이렇게 잘게 잘라 그 순간에서의 '기울기(＝이동량)'를 계산하는 것을 미분이라고 합니다. 즉, 모든 순간에 대한 미분계수 계산입니다. 수학적으로 표현하자면 '업무 능력을 시간으로 미분한다'라고 할 수 있습니다.

이 미분계수 ＝ '이동량' ＝ '직선의 기울기'는 성장도를 뜻하며, 이를 통해 각 순간의 성장도를 예측할 수 있습니다. 성장도를 예측하고, 만약 그대로 성장하지 않을 경우에는 교육 등을 실시하는 것이 바로 일본 기업이 중요시하는 '인재 육성'입니다.

면적으로부터 공헌도를 구하는 적분

이번에는 적분입니다. 적분이란 '잘게 자른 '분량'을 연결하는 것'을 의미합니다. 이것은 '면적을 구하는 것'과 동일합니다.

앞에서 살펴본 능력 곡선의 10년 차에서 13년 차 사이 구간의 그래프로 설명하겠습니다. 그림의 보라색 부분의 면적을 구하는 것을 '업무 능력을 10년 차부터 13년 차까지 적분한다'고 말합니다(그림 0-5).

그러면 면적은 어떻게 구하면 될까요? 다시 한 번 10년 차 구간을 살펴봅시다(그림 0-6).

이 보라색 부분의 면적은 어떻게 계산하면 될까요? 거의 '직사각형'이라면, 면적은 '가로×세로'이므로 업무 능력(30) × 시간(1개월)입니다. 하지만 10년 차와 10년 1개월 차의 높이가 다르다는 사실(10년 차가 낮음)이 마음에 걸립니다. 그러면 이번에는 폭을 더 좁게 만들어서 잘라봅시다. 1개월 → 1일 → 1시간……이렇게 하면 마치 '선' 같은 모양(이것이 분량)이 만들어집니다. 가로 폭이 좁으므로 높이 차이도 그다지 신경 쓰이지 않습니다. '선'의 면적을 전부 더하면 10년 차~13년 차의 면적을 계산할 수 있습니다(그림 0-7).

이것이 바로 적분입니다. 잘게 자른 것(＝分)을 차곡차곡 쌓아올리는(＝積)

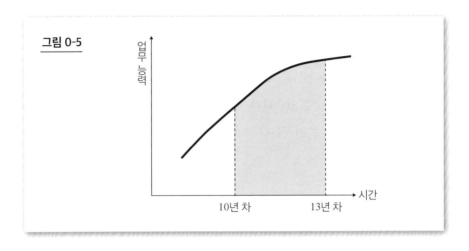

그림 0-5

업무 능력

시간

10년 차　　　　　13년 차

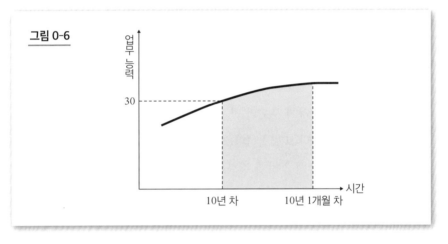

그림 0-6

업무 능력

30

시간

10년 차　　　　　10년 1개월 차

것입니다.

　그렇다면 이 면적이 의미하는 바는 무엇일까요? 면적을 구하는 방법은 '업무 능력×시간(가로×세로)'이었습니다. 이는 업무 능력이 시간과 함께 발생한 아웃풋, 즉 '조직을 향한 공헌도'입니다. 그림 0-7의 면적은 10년 차부터 13년 차에 걸친 3년 동안의 공헌도입니다. 한마디로 말하면 '업무 능력을 시간으로 적분하면 공헌도가 나온다'는 뜻입니다.

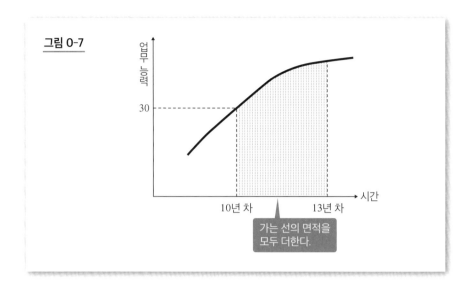

그림 0-7

업무 능력

30

10년 차

13년 차

시간

가는 선의 면적을 모두 더한다.

이 회사는 공헌도에 따라 급여를 지급할 계획입니다. 그렇다면 10년 차부터 13년 차 사이 구간의 면적은 해당 기간의 급여로 간주할 수도 있습니다. 그러므로 입사한 이후부터 퇴직할 때까지의 능력을 시간으로 적분하면 생애 연수입이 됩니다. 그렇게 생각하면 각각의 직원이 스스로 실무 능력을 키운다면 급여도 당연히 상승할 것입니다. 이것이 바로 현대 기업의 키워드, '능력주의'입니다.

이 결론이 당장은 마음에 와닿지 않을 수도 있지만, 이 책을 계속해서 읽어나가면서 천천히 이해해 주시기 바랍니다. 일단 지금은 '적분 계산법＝선(분량)을 더해나가면서 면적을 구하는 것'이라는 사실만 알면 됩니다.

미분은 무언가의 경향을 알아내는 것, 적분은 그 경향으로 인해 발생할 공헌도를 알아내는 것입니다. 이것만 잘 익혀두면 미적분적 접근을 위한 준비도 끝났습니다.

상품 개발의
미래를 예측하자

1장

자사에서 직접 상품을 개발하고 판매하는 기업에게 상품 개발은 회사의 존속 여부가 달려 있는 가장 중요한 업무입니다. 따라서 앞으로 살펴보게 될 생산, 판매, 마케팅 등 모든 업무의 꼭대기(출발점)라고 할 수 있습니다. 상품 개발 분야는 독창적인 세계이기 때문에 일반적으로 창조성과 직감이 뛰어난 사람이 담당합니다. 하지만 그 때문에 예측보다는 예언이 난무하는 분야이기도 합니다. "내 감에 의하면 이 상품은 분명히 히트할 거야."와 같은 말이 그 예입니다. 이러한 예언이 판을 치는 '상품 개발' 분야에 예측이라는 메스를 적용해 봅시다.

성공은 '100의 3'

상품 개발 업무의 가장 큰 핵심은 '그 상품이 잘 팔릴까, 팔리지 않을까'입니다. 아무리 대단한 신제품을 개발하더라도, "그런 게 잘 팔릴 리 없지."라는 누군가의 한마디에 세상의 빛을 보지 못하게 되기도 합니다. 또한 성공할 것이라 믿고 자신만만하게 시장에 내놓아도, 막상 팔리지 않으면 막대한 손해를 보고 타격을 입게 됩니다.

이 타격은 '팔리지 않아서 손해를 봤다'는 직접적인 타격뿐만 아니라 조직에 가장 치명적인 부작용을 초래합니다. '신제품을 출시해도 팔리지 않는다'는 트라우마가 남게 되는 것입니다. 그렇게 되면 점차 상품 개발이라는 업무 자체를 멀리 하게 됩니다. 이것이 바로 현대 기업의 가장 큰 고민—노화현상입니다.

상품 개발에 있어서 '어떤 상품을 개발할까?'가 중요한 것은 사실이지만 진정한 핵심은 '상품이 개발 후에 어떻게 될까?'라는 '미래 예측'입니다. 바로 여기서 예측이라는 기술이 필요합니다.

먼저 예측의 첫 번째 화살인 확률적 접근을 통해 상품 개발의 미래를 예측해 봅시다. 필자(깜박하고 말하지 않았는데 필자는 비즈니스 컨설턴트입니다)의 클라이언트 기업 중에 쉬지 않고 신제품을 출시하는 업체가 있습니다. 이 업체는 출시한 신제품이 가끔 히트를 치면 판매를 이어가고, 팔리지 않으면 즉각 판매를 중단한 후 다음 제품을 출시합니다. 저는 이 현상을 '100의 3 상품 개발(100개를 출시해서 3개가 성공하면 OK)'이라고 부릅니다. 97개의 신제품이 실패하면 사기가 꺾일 법도 한데, 이 회사는 3개의 상품이 성공했다는 사실에 기뻐합니다. 그래서 언제나 활기가 넘칩니다. 그 이유는 애초에 상품 개발의 미래를 '100의 3'으로 예측하기 때문입니다.

이 히트 상품의 확률에 대해서 자세히 살펴보겠습니다.

간단한 사례부터 살펴보자

100의 3이라고 하면 숫자가 크기 때문에(100) 먼저 간단한 예를 들어보겠습니다. 원래 처음에는 복잡한 사례부터 접근하는 것이 아니라 간단한 사례부터 살펴보는 것이 예측의 기본 중의 기본입니다. 이것을 수학의 세계에서는 정규화라고 부릅니다. 그리고 이를 통해 얻게 된 결론을 일반적인 사례에 대입하는 것을 일반화라고 합니다.

어떤 회사가 지금까지 신제품을 출시해 오면서 '2개 중 1개는 성공했다'고 가정해 봅시다. 즉, 성공률은 50%입니다.

계산 관계상, 50%를 $\frac{1}{2}$로 표시하겠습니다.

$$\frac{1}{2} = 1 \div 2 = 0.5 = 50\% = 5할$$

초등학교 때 배우는 산수입니다. 기억나십니까? 성공률 50%인 회사에서 A, B, C라는 3개의 상품을 출시했을 때 '이 중에 2개의 히트 상품이 나올 확률'을 계산해 봅시다. 상품은 A, B, C로 총 3개이므로 히트 상품이 2개 나올 수 있는 조합은 (A, B), (A, C), (B, C)의 세 가지입니다.

확률에서는 이 '조합'이 핵심이라고 할 수 있습니다(이 '조합'은 필자가 어렸을 때는 중학교 과정이었던 것 같은데, 요즈음에는 초등학교 산수 시간에 배운다고 합니다●).

수학에서 말하는 '조합'이란, 이 경우에는 "3개 중 2개로 구성할 수 있는 '조합'은 몇 개인가?"라는 문제에 해당합니다. '답'은 앞에서 말한 대로 세 가지입니다. '몇 개인가'라는 '조합'은 엑셀로 계산할 수 있습니다.

● 우리나라에서는 고등학교 1학년 과정에서 배운다고 합니다. -역자

엑셀 활용법 1-1 조합

□개 중에서 △개를 고르는 조합

❶ [함수 검색]란에 [조합]을 입력하고 [COMBIN]을 선택한다.

❷ [Number]란에 □, [Number_chosen]란에 △을 입력한다.

❸ 상기 사례에서는 □ = 3, △ = 2 ➡ '3'이 나온다.

다음으로 (A, B)가 될 확률(＝A와 B가 히트 상품, 즉 C는 실패)을 생각해 봅시다. A가 히트할 확률이 $\frac{1}{2}$, B가 히트할 확률이 $\frac{1}{2}$이므로 18쪽에서 서술한 바와 같이 두 숫자를 곱해서 $\frac{1}{2} \times \frac{1}{2} = \frac{1}{4}$로 계산하면 될까요?

하지만 이 계산은 C가 히트 상품이 될 경우도 포함하고 있습니다. 이 문제에서는 'A와 B가 히트 상품이 되고 C는 그렇지 못할 확률'을 계산해야 합니다. C가 성공하지 못할 확률 역시 $\frac{1}{2}$(18쪽에서 말했듯이 성공하지 못할 확률은 1에서 성공할 확률을 빼면 됩니다. 즉, $1 - \frac{1}{2} = \frac{1}{2}$)입니다.

따라서 (A, B)가 히트 상품이 될 확률은 $\frac{1}{2} \times \frac{1}{2} \times \frac{1}{2} = \frac{1}{8}$입니다. (A, C)와 (B, C)의 경우도 동일하게 $\frac{1}{8}$의 확률이므로 성공률 50%의 회사에서 3개 중 2개의 상품이 히트할 확률은 $\frac{1}{8} \times 3 = \frac{3}{8}$, 즉 $3 \div 8 = 0.38$●＝38%입니다 (분수는 나눗셈이었습니다. 기억나십니까?)

● 답은 0.375이므로 3 ÷ 8 ≒ 0.38이라고 표현하는 것이 옳습니다. ≒은 '거의 동일하다'는 의미입니다. 다만 여기서는 번거로우므로 ≒를 ＝로 쓰겠습니다.

2개 중 1개는 성공하지 못하는데, 3개의 상품을 출시해서 히트 상품이 2개나 나올 확률이 40%에 가깝다니 약간 의외입니다. 이 성공률을 일반화한다면 □개 중 △개가 히트할 확률은 '□개 중 △개로 구성할 수 있는 조합에 각 경우의 확률(△개가 히트하고, □ − △개가 히트하지 않을 확률)을 곱한 값'이 됩니다.

'100의 3'에서 히트 상품이 나오지 않을 가능성은 0

이번에는 '100의 3 상품 개발'에 대해서 생각해 봅시다. 이 회사는 신제품 성공률이 3%(소수로 표현하면 0.03)입니다. 이 회사가 '1년 동안 상품을 100개 출시했을 때, 몇 개나 히트할까?'를 확률적 접근을 이용해서 계산해 보겠습니다.

먼저 전부 실패할 확률입니다. 바꿔 말하면 히트 상품이 아예 없는 경우입니다. 성공률은 0.03이므로 성공하지 못할 확률은 $1 − 0.03 = 0.97$, 즉 97%입니다. 이 '조합'은 오직 하나뿐입니다. 이런 일이 100번 연속하여 일어나야 하므로(100개의 상품이 전부 실패) 그 확률은 다음과 같습니다.

$$\underbrace{0.97 \times 0.97 \times \cdots\cdots \times 0.97}_{100개}$$

전자계산기로 계산하려고 하면 생각만 해도 머리가 지끈거리지만, 다행히 엑셀로 계산할 수 있습니다.

엑셀 활용법 1-2와 같이 계산하면 결과는 0.05입니다. 즉, 100의 3 상품 개발에서 1년 동안 100개의 신제품을 출시하고 그중에 히트 상품이 하나도 나오지 않을 확률은 겨우 5%에 불과합니다. 뒤에서 다루겠지만 수학에서 5%는 좀처럼 없는 상황으로, 수학적으로는 거의 발생하지 않는다고 간주합니다(101쪽 참조). 즉 '100개의 신제품을 출시하면 적어도 1개의 히트 상품은 나온다'는 뜻입니다.

엑셀 활용법 1-2 지수

❶ 함수 [POWER]를 선택한다.

❷ 상기 예시의 경우 [Number]란에 0.97, [Power]란(56쪽 참조)에 100을 입력한다.

참고로 신제품을 200개 출시했을 때 히트 상품이 없을 확률은 0.002, 즉 0.2%입니다. 이것은 수학적으로는 불가능에 가깝다는 뜻입니다.

이제는 여러분도 100의 3 상품 개발을 해 보고 싶은 기분을 이해하실 겁니다.

대포를 잘 다루지 못해도 많이 쏘면 명중할까?

그렇다면 일이 술술 풀려서 '100의 3'을 뛰어넘을 확률은 얼마나 될까요? 즉, 1년 동안 '4개 이상의 히트 상품이 나올 확률'입니다. 물론 이것 역시 '좀처럼 없는 일'이겠지만요.

히트 상품이 4개 이상 나오는 경우는 4~100개까지의 유형이 나오므로 각각의 확률을 계산하는 것은 쉽지 않습니다. 이럴 때는 4개 이상이 되지 않을 확률을 구해서 1에서 빼는 방법이 간단합니다. 다시 말해 히트 상품이 3개 이하일 확률을 구하는 것입니다. 이 경우에는 히트 상품이 0개, 1개, 2개, 3개가 나올 유형이 존재합니다. 각각의 유형에 앞서 일반화했던 '조합과 각 경우의 확률'을 적용해 봅시다. 0개일 확률은 0.05였습니다.

먼저, 단 1개의 히트 상품이 나올 확률을 계산해 봅시다. 앞에서 한 대로 '100개 중에서 1개로 구성할 수 있는 조합'을 생각해야만 합니다. 이 문제는 군이 엑셀로 계산할 필요도 없습니다. 상품은 100종류이므로 답도 100개입니다.

각 경우의 확률은 '1개의 상품이 히트하고(확률 0.03) 99개가 히트하지 못함(0.97)'이므로 다음과 같습니다.

$$0.03 \times \underbrace{0.97 \times \cdots\cdots \times 0.97}$$

히트　　　히트하지 못함 → 99개 → 엑셀의 POWER 함수를 이용하자!

위 식을 엑셀로 계산해서 100을 곱하면(100개의 유형이 있으므로) 0.15가 나옵니다.

2개 상품이 히트할 확률은 100개의 상품 중에서 2개로 구성할 수 있는 조합을 생각하면 됩니다. 이것을 엑셀(COMBIN 함수에서 [Number]에 100, [Number_chosen]에 2를 입력)로 계산하면 '4,950'이라는 답이 나옵니다.

따라서 '2개 상품이 히트하고 98개가 히트하지 않을 확률'은 다음과 같으므로, 여기에 4,950을 곱하면 '0.23'이 됩니다.

$$\underbrace{0.03 \times 0.03} \times \underbrace{0.97 \times \cdots\cdots \times 0.97}$$

히트　　　히트하지 못함 → 98개 → POWER

동일한 방법으로 3개의 경우도 계산해 보면(COMBIN에 '100'과 '3'을 입력하여 0.03을 3회, 0.97을 97회 곱함) 역시 '0.23'이 나옵니다.

이것으로 히트 상품이 3개 이하일 확률을 계산할 수 있게 되었습니다.

$$0.05 + 0.15 + 0.23 + 0.23 = 0.66$$

0개 히트　　1개 히트　　2개 히트　　3개 히트

답은 0.66 = 66%입니다. 그러므로 히트 상품이 4개 이상 나올 확률은 34%(100 − 66)입니다.

이 또한 의외의 결과입니다. '100의 3 상품 개발'에서 신제품 100개를 출시했을 때, 그중에 히트 상품이 4개 이상 나올 확률은 무려 $\frac{1}{3}$ 이상입니다. 즉 '3년에 한 번은 4개 이상의 히트 상품이 나온다'는 뜻입니다.

참고로 히트 상품이 4개 나올 확률을 위와 동일한 방법으로 계산해 보면 17%입니다. 그러므로 히트 상품이 4개 이하일 확률은 66 + 17 = 83%입니다. 즉 5개 이상의 히트 상품이 나올 확률은 17%(1 − 0.83, 약 $\frac{1}{6}$)입니다. 무려 '6년에 한 번은 5개 이상의 히트 상품이 나온다'는 말입니다.

직접 상품 개발을 하는 회사라면 자사 제품의 성공률을 계산해 보기 바랍니다. 그리고 1년 동안 ○○개의 히트 상품이 나올 확률을 계산해 본다면 의외의 결과가 나올 겁니다.

요즘 '히트 상품이 별로 나오지 않는다'라는 이유로 신제품 개발에서 손을 떼는 회사가 있다면 확률적 접근을 활용해 상품 개발에 대해 다시 한 번 생각해 보기를 바랍니다. 대포를 잘 다루지 못해도 많이 쏘면 명중한다는 말이야말로 상품 개발 전략의 기본일지도 모릅니다.

기댓값은 미래의 수치

상품 개발이라는 업무는 '개발비를 투자하고, 상품을 판매하여 얻은 이익으로 투자금을 회수하는' 것입니다. 그러나 투자금은 견적을 낼 수 있지만 이익은 어느 정도 창출될지 예측하기 어렵습니다. 그래서 일반적으로는 이 정도의 투자금을 회수하려면 얼마만큼의 이익이 필요할까?에 대해서 생각하게 됩니다.

이것을 앞서 나온 '100의 3 상품 개발'에 대입해서 생각해 봅시다. 어떤 회사는 1개의 상품을 개발할 때 평균 500만 엔이 필요합니다. 상품이 히트하지 않으면 즉시 판매를 중단하므로 500만 엔은 회수할 수 없다고 가정해 봅시다(매출이 어느 정도 있어도, 다량의 재고가 쌓여서 전혀 이익이 없고 회수도 불가능).

그러면 '100의 3 상품 개발'에서 히트 상품 1개당 '얼마만큼의 이익'을 내면 이 회사는 수지 균형이 맞을까요(＝투자금 회수)? 이 문제를 해결하기 위해 기댓값에 대해서 알아보도록 하겠습니다. 이것 역시 간단한 예부터 설명하겠습니다.

'꽝이 없는 10개의 제비 중에 1등인 1,000엔 당첨 제비가 3개, 2등인 100엔 당첨 제비가 7개 들어 있는 상자'가 있습니다. 1등이 나올 확률은 30%($\frac{3}{10}$), 2등이 나올 확률은 70%($\frac{7}{10}$)입니다. 그러면 '1개의 제비를 뽑아서 얻을 수 있는 금액'은 평균 얼마일까요? 평균이라고 해도 '1등 1,000엔과 2등 100엔을 더한 후 2로 나누는 방법'은 적용할 수 없다는 사실은 알고 있으리라 생각합니다.

일단 1등 제비의 총액을 계산해 보겠습니다. 1,000엔 × 3개입니다. 제비는 총 10개 있으므로 1개당 평균 금액은 '1,000 × 3개 ÷ 10'입니다. 계산 방식을 달리 표현해 보면 1,000엔 × $\frac{3}{10}$입니다. 즉, 1,000엔이라는 1등 금액에 1등이 될 확률을 곱하는 것입니다. 2등도 동일한 방법으로 계산해 보면 1개의 제비로 얻을 수 있는 평균 금액은 다음과 같습니다.

$$1,000엔 \quad \times \quad \frac{3}{10} \quad + \quad 100엔 \quad \times \quad \frac{7}{10} = 370엔$$

1등의 금액 　　1등이 될 확률 　　2등의 금액 　　2등이 될 확률

여기서 370엔을 '평균'이라고 부르는 것은 그다지 적절한 표현이 아닙니다. 평균은 과거 결과를 의미하는 뉘앙스지만 제비는 아직 뽑지 않았으므로 '미래'입니다. '미래의 평균'에 해당하는 것을 '기댓값'이라고 하며, 이는 미래에 기대되는 수치를 뜻합니다. 따라서 이 제비의 기댓값은 370엔입니다.

100의 3 상품 개발에서는 대박을 노린다

그러면 '100의 3 상품 개발'로 돌아가 봅시다. 어떤 상품을 출시했을 때 히트할 확률은 3%로, 이를 통해 얻을 수 있는 이익은 아직 알 수 없습니다. 또한 히트하지 못할 확률은 97%로 이 경우에는 500만 엔의 손해, 즉 '－500만 엔'이 됩니다.

여기서 앞서 살펴본 '투자금을 회수할 수 있는 히트 상품의 이익(수지 균형이 맞는 이익)'에 대해서 생각해 봅시다. 이 이익을 □엔이라 합니다. 이 문제에서는 '상품이 미래에 얻을 수 있는 평균 금액, 즉 기댓값이 제로(수지 균형이 맞음)가 되는 □'을 구해야 합니다. 앞서 나온 '제비의 기댓값 계산식'을 이용하면 다음과 같은 답이 나옵니다.

$$\underset{\text{히트(상기 사례의 1등)}}{\underline{\square \times 0.03}} \quad + \quad \underset{\text{히트하지 못함(상기 사례의 2등)}}{\underline{(-500) \times 0.97}} = 0$$

바로 중학교에서 배운 방정식입니다. 어떻게 푸는지 다시 떠올려 봅시다.

$$\square \times 0.03 - 485 = 0 \quad \Rightarrow \quad \square \times 0.03 = 485$$
$$\Rightarrow \quad \square = 485 \div 0.03 = 16,166\cdots\cdots(\text{만 엔})$$

즉, 히트 상품이 '1억 6000만 엔의 이익'을 낸다면 '기댓값은 제로 = 수지 균형이 맞음'입니다. 바꿔 말하면 1개의 히트 상품이 1억 6000만 엔의 이익을 내지 않으면 97개의 실패 상품의 손해를 충당할 수 없습니다. 상당히 어려운 일이 아닐 수 없습니다.

그러면 만약 상품 개발 시에 테스트 마케팅●을 실시하여(즉, 그만큼 개발비 용을 올려서) 성공률을 높이면 어떻게 될까요? 테스트 마케팅 때문에 개발비는

● 개발 상품을 본격적으로 판매하기 전, 잘 팔릴지 여부를 테스트한 후에 판매하는 것. '어떤 지역에서의 한정 판매' 등이 테스트 마케팅의 전형적인 예.

2배인 1,000만 엔이 되겠지만 성공률 역시 10%로 상승한다고 가정해 봅시다. 그러면 위의 식은 다음과 같이 계산할 수 있습니다.

$$\square \times 0.1 - 1,000 \times 0.9 = 0 \quad \Rightarrow \quad \square = 9,000\text{만 엔}$$

그래도 1,000만 엔의 개발비를 충당하려면 히트 상품 1개당 9,000만 엔의 이익을 내야만 합니다.

100의 3 상품 개발에서는 성공률보다도 성공했을 때의 이익을 얼마나 극대화할 수 있는지가 핵심입니다. 즉, 성공률이 높은 소소한 히트보다 성공률은 낮아도 대박을 낼 수 있는 빅 히트를 노려야 합니다.

레스토랑의 미래를 사전에 예측하자

다음으로는 예측의 두 번째 화살인 통계적 접근입니다. 이번에는 100의 3 유형이 아니라, 하나하나 시간을 들여 개발하는 방식으로 상품을 개발한다고 가정해 봅시다. 그리고 관점을 바꿔 서비스업을 예로 들어보겠습니다. 다음 사례와 같은 레스토랑 등의 서비스업에서는 '점포개발'도 상품 개발의 하나라 할 수 있습니다.

사례

A사는 창업주가 시작한 '일식, 중식, 이탈리안을 융합한 레스토랑'에 뿌리를 두고 있다. 레스토랑의 큰 성공에 힘입어 2호점, 3호점 등 잇따라 점포를 열었고 현재는 10호점까지 운영 중이다. 창업주는 이 레스토랑으로 프랜차이즈*를 운영할 계획이다. 프랜차이즈 본사가 되면 점포 매상의 일부분을 로열티로 받을 생각인데, 새로운 점포의 매출을 어떻게 예측해야

● 본사와 가맹점이 프랜차이즈 계약을 체결하여 본사는 가맹점에게 가게명, 경영 노하우 등을 제공하고 가맹점은 본사에 사용료(로열티라고 함)를 지불하는 시스템. 프랜차이즈에 대비되는 개념으로 직접 매장을 내는 것을 직영점이라고 한다.

할지 고민이다. 프랜차이즈를 운영하기 위해서는 반드시 미래 점포의 매출을 올바른 방법으로 예측하고 모델화해야만 한다. 그래서 이번에 새로 오픈하는 직영점인 11호점의 매출을 예측해 보려고 한다.

단순히 10개 점포의 평균 매출액을 구하고, 이를 11호점의 예측 매출액으로 볼 수는 없습니다. 각기 다른 점포의 평균은 그다지 의미가 없습니다. 앞서 나온 제비의 기댓값 같은 수치가 필요합니다.

이 경우, 일반적으로는 '체인점이니 메뉴는 동일하다. 그런데도 점포 매출이 다른 원인은 무엇일까?', '무엇 때문에 점포 매출이 달라지는 걸까?'라는 의문이 생길 겁니다.

가장 큰 요인으로 볼 수 있는 것은 '점포 면적'입니다. 점포 면적에 따라 수용 가능한 고객 수(점포에 들어올 수 있는 인원)가 정해지고, 이는 당연히 매출에도 큰 영향을 미칩니다.

1~10호점의 점포 면적과 연간 매출액 간의 관계를 조사해 보니 그림 1-1과 같은 결과가 나왔습니다. 이번에 새로 여는 11호점의 점포 면적은 200 m²입니다.

점포 면적과 매출의 상관관계를 알아보자

만약 매출이 점포 면적에 비례한다고 생각한다면(점포 면적이 2배가 되면 매출도 2배) '1 m²당 매출'을 구하면 됩니다. 하지만 아무리 봐도 면적과 매출이 비례하는 것 같지는 않습니다.

이럴 때는 '알고 싶은 숫자(연간 매출액)'를 x축, '그와 관련된 숫자(점포 면적)'를 y축에 두고 해당하는 곳에 점을 찍어 그 상황을 살펴보는 것이 정석입니다. 이렇게 점을 찍는 것을 플롯이라고 하고, 점을 찍어 나타낸 그래프를 산포도

그림 1-1

점포 No	점포 면적(m²)	연간 매출액(만 엔)
1	153	5,265
2	124	3,520
3	265	7,223
4	240	4,020
5	98	2,890
6	135	4,620
7	110	3,834
8	320	5,067
9	182	6,667
10	192	8,020
11	200	?

 엑셀 활용법 1-3 산포도

❶ 점포 면적과 연간 매출액 표를 엑셀에 입력한다.

❷ 표를 선택하고 [삽입] 메뉴의 [차트] 탭에서 [분산형]을 선택한다.

❸ 여러 그래프 타입 중에서 [점만 찍혀 있는 타입]을 선택한다.

라고 합니다. 이 그림, 즉 산포도는 그림 1-1과 같은 표가 있으면 엑셀이 그려줍니다.

엑셀 활용법 1-3과 같이 하면 그림 1-2와 같은 산포도가 완성됩니다. 이렇게 산포도에서 두 숫자의 상관관계를 분석하는 것을 회귀분석이라고 합니다(더 명확한 정의는 45쪽에 나옵니다). 그림 1-2에서는 우상향하는 선이 보이는 것 같습

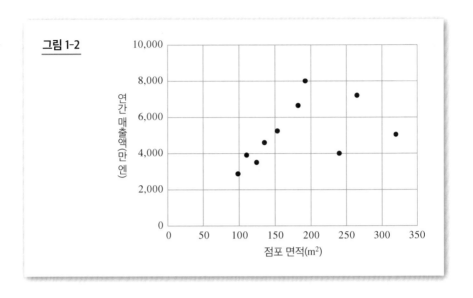

그림 1-2

니다. 비례하는 것은 아니지만 점포 면적이 커질수록 연간 매출액도 늘어나는 경향이 있습니다. 이 그래프에 선을 하나 그릴 수 있다면, 11호점의 점포 면적 200 m²의 연간 매출액을 예측할 수 있을 것 같은 예감이 듭니다.

그러면 이 선을 어떻게 그려야 할까요? 대충 그리면 '그리는 방법'에 따라 예측값이 달라집니다. 그렇게 되면 선을 그리는 법을 두고 의견이 충돌할지도 모릅니다.

인류는 이 '선을 그리는 법'에 대해 이미 합의한 바 있습니다. 그것은 각 점(그림 1-2의 10개 점)에서 직선까지의 거리의 합이 최소가 되도록 직선을 그리는 것입니다(그 외에 다른 좋은 방법이 있을 것 같다면 한번 생각해 보십시오. 만약 발견한다면 노벨상 감입니다). 여기까지의 방법이 정해졌다면 나머지는 엑셀이 직선을 그려줍니다. 이 선을 회귀직선이라고 합니다.

엑셀 활용법 1-4와 같이 하면 그림 1-3과 같은 직선이 그려질 겁니다. 이것으로 x축의 200m²(11호점의 점포 면적) 지점에서부터 선을 그으면 11호점의 연간 매출액을 예측할 수 있습니다.

엑셀 활용법 1-4 회귀직선

❶ 산포도의 한 점에 커서를 두고 우클릭을 한다.

❷ 메뉴에서 [추세선 추가]를 선택한다.

❸ 그중에서 [선형]을 선택한다.

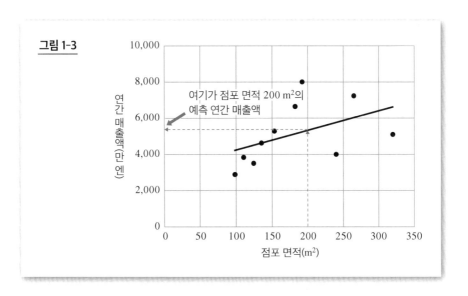

그림 1-3

선뿐만 아니라 식도 엑셀에 부탁하자

하지만 그래프로 연간 매출액을 파악하는 것은 여간 어려운 일이 아닙니다. 이때, 점포 면적으로부터 연간 매출액을 구하는 '식'만 있다면 간단하게 해결됩니다. 이 식을 회귀식이라고 합니다. 회귀식 역시 엑셀이 만들어 줍니다.

엑셀 활용법 1-5와 같이 하면 그래프에 그림 1-4와 같은 식이 나타납니다. 이 '$y = 10.914x + 3127.3$'라는 식이 점포 면적(x)으로부터 연간 매출액(y)을 예측하는 회귀식입니다(x는 x축, y는 y축을 의미합니다). 즉, 연간 매출액(만

엑셀 활용법 1-5 회귀식

● 엑셀 활용법 1-4의 [추세선 추가]에서 [수식을 차트에 표시]를 선택한다.

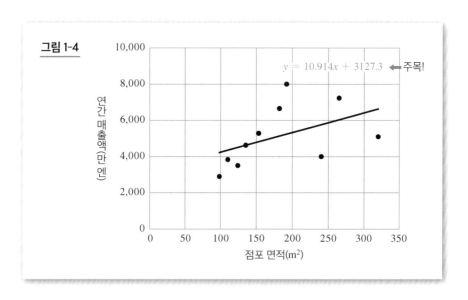

그림 1-4

$y = 10.914x + 3127.3$ ← 주목!

엔) = 11 × 점포 면적(m^2) + 3,100입니다(자잘한 숫자는 별로 의미가 없으므로 이런 경우에는 유효숫자 두 자리 정도로 표시하겠습니다. 10.914 → 11, 3127.3 → 3,100).

11호점은 점포 면적이 200 m^2이므로 연간 매출액은 11 × 200 + 3,100 = 5,300만 엔으로 예측됩니다. 이 식을 사용하면 점포 면적이 얼마든지 간에 연간 매출액을 예측할 수 있습니다. 또한 11호점을 오픈해서 실제 연간 매출액이 나오면, 그 자료를 추가해서 12호점의 예측에도 활용할 수 있습니다.

회귀분석을 명확히 정의하자

이렇게 '이미 아는 숫자(여기서는 '점포 면적'. 이것을 설명변수라고 하며, 주로 파라미터라는 용어를 씀)'를 사용해서 '알고 싶은 숫자(여기서는 '연간 매출액'. 이것을 피설명변수라고 함)'를 예측하는 방법이 41쪽에서 설명한 회귀분석입니다. 사실 설명변수, 피설명변수, 회귀분석 등의 정의를 공부하는 것보다 이러한 사례를 통해서 직접 체감하는 것이 더욱 효과적입니다.

회귀분석이란 직감적으로 생각하면 '단순하게 평균을 구하지 않고, 무언가(설명변수)를 고려해서 평균을 구하는 것'입니다. 면적이 제각각인 점포들의 평균 연간 매출액을 구해서, 이를 토대로 다음 점포의 연간 매출액을 예측하는 방법은 허점투성이기 때문에 점포 면적을 고려하면서 연간 매출액의 평균값을 구한다는 '느낌'입니다.

그렇게 생각하면 상기 사례의 직선('평균'에 해당함)과 점 사이의 거리는 20쪽의 '편차'와 동일합니다. '더한 값이 최소가 되도록 직선을 그린다'는 것은 표준편차가 가장 작은 직선을 그린다와 같은 뜻입니다.

비즈니스에서 회귀분석은 매우 폭넓게 쓰입니다. 예를 들면 음료수처럼 기온에 따라 매출이 크게 변하는 제품에 대해 예측할 때, 기온별 평균을 구하면 대상 숫자(매출)가 작아집니다. 이때 기온을 고려하면서 모든 숫자를 사용하여 평균을 내는 것이 회귀분석입니다.

회귀분석은 설명변수와 피설명변수라는 두 가지 숫자를 엑셀에 입력하고 지시하기만 하면 끝납니다. 회귀분석은 통계적 접근 중에서도 가장 기본적인 방법입니다.

매출은 다양한 요인에 의해 결정된다

하지만 마음에 걸리는 점이 하나 있습니다. 바로 '점포 면적만으로 연간 매출액을 예측해도 되는 걸까? 매출은 상권* 인구에 의해서도 달라지는 것은 아닐까?'라는 지적입니다.

앞서 설명한 그림 1-4를 다시 살펴봅시다. 직선과 각 점이 거의 붙어 있다면 점포 면적만 고려해도 문제없겠지만, 직선에서 약간 떨어져 있는 점이 많아 보입니다. 점포 면적뿐만 아니라 다른 요인도 연간 매출액에 영향을 미치는 것 같습니다. 또한 시장의 매력도(고객이 많이 있는 지역 등)와 같은 요인도 관련 있는 듯합니다.

그렇다면 상권 인구를 상기 표에 추가해 봅시다. 이때 구하고자 하는 '연간 매출액'은 표 우측에 기재합니다(그림 1-5).

그림 1-5를 보니 확실히 상권 인구도 연간 매출액에 영향을 미치는 것 같습니다(물론 점포 면적을 봐도 그러한 '느낌'이 있습니다). 그렇다면 연간 매출액을 예측할 때 '점포 면적과 상권 인구의 두 가지 요인을 고려해서 평균을 구하는 것'은 '점포 면적과 상권 인구의 두 가지 요인을 설명변수로 보고 회귀분석을 하는 것'과 같습니다.

이 경우에는 어떻게 하면 좋을까요? 그림 1-2의 산포도를 평면이 아니라 입체(공간)적 개념으로 생각하면 됩니다. 앞에서는 x축, y축이라는 평면(축이 2개 있으므로 2차원)적 개념으로 생각했지만 이것을 그림 1-6과 같은 입체(축이 3개 있으므로 3차원)적인 상자 안에서 선을 그리는 것입니다.

아까와 마찬가지로 상자 안에 떠 있는 각 점과 직선 사이의 거리의 합이 가장 작아지도록 직선을 그리면 됩니다. 이 직선식을 알아내면 점포 면적과 상권 인

---

* 상권이란 점포에 올 수 있는 사람이 있는 지역을 말함.

그림 1-5

점포 No	점포 면적(m²)	상권 인구(명)	연간 매출액(만 엔)
1	153	7,562	5,265
2	124	4,264	3,520
3	265	12,030	7,223
4	240	5,262	4,020
5	98	3,825	2,890
6	135	3,054	4,620
7	110	2,825	3,834
8	320	4,854	5,067
9	182	3,825	6,667
10	192	9,985	8,020
11	200	4,806	?

그림 1-6

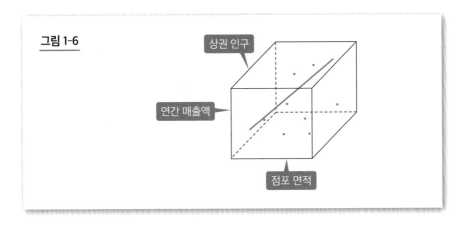

상권 인구

연간 매출액

점포 면적

엑셀 활용법 1-6 중회귀분석

❶ [파일] → [옵션]에서 [추가 기능] → [분석 도구]를 선택한 후 [이동]을 클릭한다.

❷ 데이터 탭에서 [데이터 분석]을 누른 뒤, [회귀 분석]을 선택한다.

❸ [Y축 입력 범위](피설명변수)에는 엑셀에 입력해 둔 '제목의 연간 매출액과 10개의 숫자'를, [X축 입력 범위](설명변수)에는 '제목(점포 면적, 상권 인구)과 10 × 2열의 숫자'를 선택한 후에 [이름표]에 체크하고 [확인]을 클릭한다.

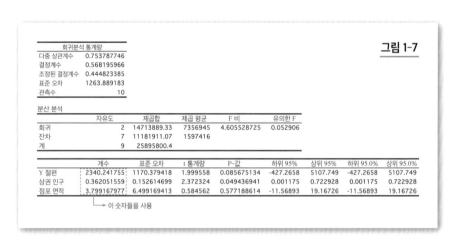

그림 1-7

회귀분석 통계량	
다중 상관계수	0.753787746
결정계수	0.568195966
조정된 결정계수	0.444823385
표준 오차	1263.889183
관측수	10

분산 분석

	자유도	제곱합	제곱 평균	F 비	유의한 F
회귀	2	14713889.33	7356945	4.605528725	0.052906
잔차	7	11181911.07	1597416		
계	9	25895800.4			

	계수	표준 오차	t 통계량	P-값	하위 95%	상위 95%	하위 95.0%	상위 95.0%
Y 절편	2340.241755	1170.379418	1.999538	0.085675134	-427.2658	5107.749	-427.2658	5107.749
상권 인구	0.362051559	0.152614699	2.372324	0.049436941	0.001175	0.722928	0.001175	0.722928
점포 면적	3.799167977	6.499169413	0.584562	0.577188614	-11.56893	19.16726	-11.56893	19.16726

→ 이 숫자들을 사용

구를 고려한 연간 매출액을 예측할 수 있습니다. 이 역시 엑셀로 해결할 수 있습니다.

엑셀 활용법 1-6과 같이 하면 그림 1-7과 같은 '어마어마한 표'가 나옵니다. 수많은 숫자가 나오지만 이 중에서 필요한 것은 보라색 부분으로 표시된 '3개의 숫자'뿐입니다. 앞의 내용과 동일하게 이 3개의 숫자를 사용해 연간 매출액의 예측식을 다음과 같이 만들어 볼 수 있습니다.

연간 매출액 = 3.8 × 점포 면적 + 0.36 × 상권 인구 + 2,300

이 식으로 11호점의 연간 매출액을 계산하면 다음과 같은 답이 나옵니다.

$$11호점의 연간 매출액 = 3.8 \times 200 + 0.36 \times 4,806 + 2,300$$
$$= 4,800(만 엔)$$

아까는 5,300만 엔이라는 예측값이 나왔지만 이번에는 4,800만 엔이 나왔습니다. '어느 것이 정답인가'는 아무리 토론해 봐도 소용없습니다. 실제로 결과가 나올 때까지는 아무도 알 수 없는 일입니다. 예측법이 다르니, 당연히 결과도 다르기 마련입니다. 지금쯤이면 독자 여러분도 아셨겠지만 방법에 동의하는 것이지, 결과에 동의하는 것은 아니기 때문입니다. '점포 면적과 상권 인구를 설명변수로 하여 연간 매출액을 예측하자'고 정했다면 방법은 이것뿐입니다.

다시 한 번 그림 1-5를 봅시다. 11호점의 연간 매출액에 4,800을 입력하면 어떻게 보이나요? 납득할 만한 결과입니까? 그래도 불안하다면 '상권 내의 경쟁 점포 수', '가까운 역으로부터의 거리' 등의 설명변수를 추가하면 됩니다. 설명변수가 아무리 많아도 엑셀이 전부 처리해 줄 겁니다.

이렇게 설명변수가 2개 이상 있는 것을 중회귀분석이라고 합니다. 난해하게 들리는 이름이지만 사실은 명쾌한 원리로 이루어져 있습니다. 바로 '점에서 선까지의 거리의 합이 최소가 되도록 선을 그린다'는 원리입니다.

상품의 라이프 사이클을 미분하자

이번에는 상품 개발의 예측 도전 중 세 번째 화살인 미적분적 접근입니다. 상품 개발에서는 상품의 라이프 사이클을 생각하는 것이 중요합니다. 즉, '개발한 상품이(경쟁 상품 포함) 향후에 시장에서 어떻게 살아가고, 죽어갈 것인가'에 대한 미래상입니다.

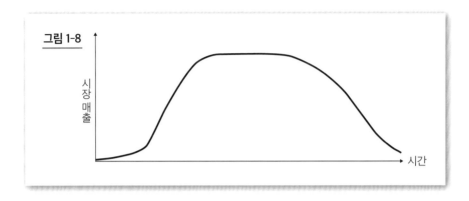

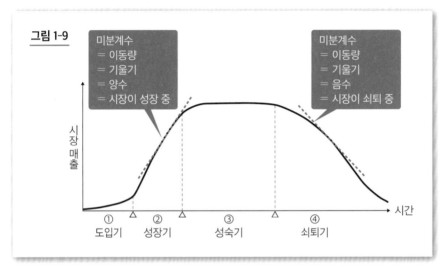

　상품의 라이프 사이클에서는 대다수의 상품들이 그림 1-8과 같은 곡선을 나타냅니다. 이 곡선을 시간으로 미분하면 무엇이 보일까요? 미분이란, 24쪽에서 설명한 바와 같이 각 순간에 대한 접선을 그리는 것입니다. 그리고 미분의 핵심은 역시 '이동량'입니다. 이를 통해 '시장 성장도'를 알 수 있습니다.

　그런데 이동량(미분계수)을 보면 크게 변하는 점이 세 군데 있습니다. 바로 그림 1-9의 △입니다. 이를 가지고 곡선을 네 가지 시기로 나눌 수 있습니다.

① 천천히 상승한다(미분계수가 작은 양수).

↓

② 큰 폭으로 상승한다(큰 양수).

↓

③ 횡보한다(0).

↓

④ 쇠퇴한다(음수).

①을 도입기, ②를 성장기, ③을 성숙기, ④를 쇠퇴기라고 합니다. 반대로 말하면 성장의 미분계수의 변화점을 파악한다면 '다가올 시기'를 예측할 수 있습니다. 이것이 바로 그 유명한 상품 라이프 사이클 이론(그렇게 대단한 것은 아니지만)으로 불리는 상품 개발의 원점입니다.

개발 상품의 시장 투입 시기는 언제일까?

상품 개발의 기본 전략은 네 가지 시기 중 언제 '개발한 상품을 투입할까?(투입할 수 있을까?)'입니다.

첫 번째 전략은 다른 회사보다 한발 앞서서 도입기에 상품을 투입하고 스스로 시장을 개척하는 것으로, 시장 개발이라고 합니다. 시장 개발을 지향하는 전형적인 스타일이 앞에서 말한 '100의 3 상품 개발'입니다.

하지만 이러한 방법으로 시장 개발을 하려면 한 회사의 힘만으로 다수의 예상고객●을 대상으로 자사 신제품의 존재를 알리고, 사용법을 설명해야 합니다(이것을 상품인지라고 함). 때문에 막대한 비용이 필요합니다. 하지만 상품인지를 하지 않으면, 많은 예상고객들은 신제품이 나왔다는 사실조차 알지 못합니다.

두 번째 전략은 성장기에 들어선 이후, 즉 시장이 개발된 후(상품인지가 이루

●　상품을 구입할 가능성이 있는 고객.

어진 후)에 자사 제품을 투입하는 전략입니다. 이 전략은 시장 개발 비용이 필요 없지만, 도입기에 이미 다른 선발 기업이 많은 고객을 유치했을 가능성도 있습니다.

이 두 가지 전략이 개발 상품 투입에 관한 전형적인 전략이지만, 성숙기에 접어든 후에 시장에 자사 제품을 선보이는 기업도 있습니다. 성장기의 치열한 경쟁이 끝나고, 고객층이 안정되어 '진정한 니즈'가 보이기 시작할 무렵에 자사의 브랜드 파워를 기반으로 진출하는 것입니다. 요즘 일본에서는 수많은 상품이 성숙기에 접어든 가운데, 대기업이 기존 상품으로 벌어들인 자본을 이용해 다른 성숙기 시장에 진출을 꾀하는 사례가 늘고 있습니다. 예를 들면 '은행'이라는 성숙된 시장에 소니, 이온, 세븐일레븐, 오릭스 등의 회사가 브랜드 파워를 무기로 시장에 진출했습니다.

더 나아가 쇠퇴기가 되어 해당 상품이 저물어갈 무렵에 더 이상 상품을 구입하지 않게 된 고객의 니즈를 파악, 구입할 것이라는 전제로 상품을 개량하여 일부러 진출하는 기업도 있습니다.

어떤 경우든지, 앞에서 말한 미분계수의 변화점을 이용해서 시장의 현재 위치를 파악하는 것이 중요합니다. 그러기 위해서는 시장의 동향을 매일같이 관찰하고, 즉 매출을 시간으로 미분하고 '이동량'의 움직임을 체크해서 상품을 투입할 타이밍을 재야 합니다.

상품 라이프 사이클 곡선을 적분하자

이번에는 상품 라이프 사이클 곡선을 적분해 보겠습니다. 25쪽에서 서술한 바와 같이 성숙기 중의 매출을 적분하면 그림 1-10의 보라색 부분의 면적이 나옵니다. 이것은 대체 무엇을 의미할까요?

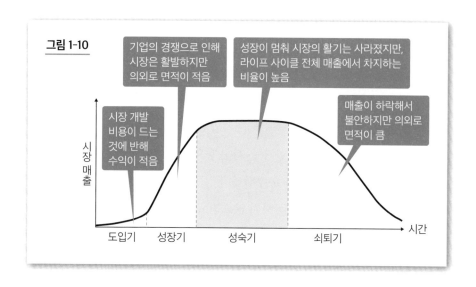

그림 1-10

시장 개발 비용이 드는 것에 반해 수익이 적음

기업의 경쟁으로 인해 시장은 활발하지만 의외로 면적이 적음

성장이 멈춰 시장의 활기는 사라졌지만, 라이프 사이클 전체 매출에서 차지하는 비율이 높음

매출이 하락해서 불안하지만 의외로 면적이 큼

시장 매출

도입기　성장기　성숙기　쇠퇴기　시간

보라색 부분은 대체적으로 '직사각형' 모양입니다. 직사각형의 면적은 '가로×세로'이므로 '시간(가로)×매출(세로)'입니다. 즉 성숙기 동안의 '상품 총매출'을 나타냅니다.

그림을 보면 상품 라이프 사이클 중에서 성숙기의 총매출이 차지하는 비율이 높다는 사실을 직감할 수 있습니다. 그리고 의외로 쇠퇴기의 총매출도 높습니다. 즉, 성숙기 기간을 늘리고 쇠퇴기에 접어들어도 어떻게든 상품 수명을 연장하는 것이 시장 전체의 전략 테마라 할 수 있습니다.

한편, 경쟁으로 인해 시장이 활발한(매출이 증가) 성장기에는 의외로 총매출이 낮으며, 시장 개발 비용이 드는 도입기에는 수익이 거의 없다는 사실도 알 수 있습니다.

경쟁사의 추격을 막으려면?

그렇다면 훌륭한 신제품을 개발해서 시장 개발을 하려는 기업은 어떤 점을 염두에 두어야 할까요? 바로 수익으로 개발 비용을 회수할 수 있게 되는 성숙기가 되기 전까지, 다른 회사의 시장 진출을 막는 것입니다. 이를 진입장벽이라고 합니다.

진입장벽 중에서 가장 확실한 것은 특허 등의 지적재산권 관련 법률●을 활용하는 것입니다. 시장 개발 비용을 부담하지 않아도 쉽게 시장에 진출할 수 있는 회사에서는 아무도 상품 개발을 하지 않으려고 합니다. 하지만 그렇게 되면 경제가 성장하지 않습니다. 그래서 신제품을 개발하는 회사를 법으로 보호하는 것입니다. 이를 통해 개발 회사가 경쟁사의 추격과 시장 진출을 늦추고, 개발비용을 회수할 수 있도록 지켜주고 있습니다. 하지만 특허를 낼 수 없는 상품이나, 특허를 내더라도(특허는 반드시 공개해야 함) 내용을 살짝 바꿔서 따라 하는 경우도 있기 때문에 일반적으로는 다른 회사의 시장 진출을 막는 것은 상당히 어렵습니다.

그렇다면 어떻게 해야 할까요? 바로, 시장 개발 시점에 신속하게 수익(총매출)을 늘림으로써 비슷한 상품을 선보이는 경쟁사의 추격을 막아야 합니다. 즉, 다른 회사가 시장에 진출하기 전에, 조기에 시장 개발 비용을 회수하는 수밖에 없습니다.

그림 1-10을 보면 도입기, 성장기의 삼각형(밑변 × 높이 ÷ 2)을 직사각형(가로 × 세로로 확대한다)으로 변화시키는 것입니다. 즉, 상품인지라는 시장 개발 비용을 높여서(돈을 들여서) 단번에 예상고객들에게 상품을 퍼트리는 것입니다(이것을 주로 '뿌려 버린다'라고 표현합니다).

예를 들어, 신제품 개발이 끝났어도 바로 출시하지 않고 '××월 ××일에 출시'라고 언론에 발표합니다. 그리고 출시 전까지는 '신제품 출시 사실'만을 예상고객

● 특허, 저작권 등 기업이 지적 활동을 통해 만든 발명, 노하우, 저작물(서적이나 그림 등) 등을 타인이 따라 하지 못하게 하는 법률.

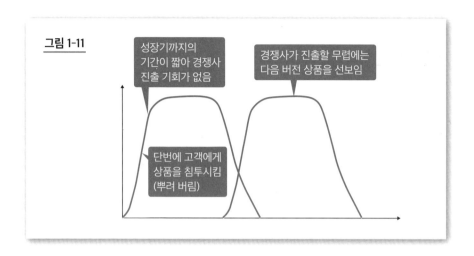

그림 1-11

성장기까지의 기간이 짧아 경쟁사 진출 기회가 없음

경쟁사가 진출할 무렵에는 다음 버전 상품을 선보임

단번에 고객에게 상품을 침투시킴 (뿌려 버림)

들에게 전달하고(상품인지), 경쟁사에는 상품의 정체를 비밀로 하다가 출시일이 되면 단번에 뿌려 버리는 전략입니다(신제품 판매와 프로모션을 동시에 진행하면 경쟁사가 상품을 카피할 가능성이 있으므로 출시일 전까지는 아예 보여주지 않습니다). 그리고 성숙기도 길게 두지 않고, 경쟁사의 카피 상품이 나올 무렵이 되면 개량된 자사 신제품(버전 업이라고 합니다)을 선보여서 경쟁사에게 끼어들 타이밍을 주지 않습니다.

이를 그래프로 그리면 그림 1-11과 같습니다. 이렇게 '신제품을 단번에 뿌려 버리는' 것을 마케팅의 세계에서는 포화 전략이라고 하는데, 주요 신제품 개발 시에 종종 쓰는 전략입니다.

앞에서 서술한 100의 3 상품 개발에서 수많은 신제품을 선보일 수 있는 이유는, 새롭게 출시된 신제품 때문에 자사의 기존 제품 매출이 떨어져도(이것을 카니발리제이션이라고 함) 개의치 않기 때문입니다. 이러한 전략은 경쟁사가 대항 상품(카피 상품)을 내놓을 타이밍을 허락하지 않습니다. 이리 하여 현대 상품의 라이프 사이클은 점점 짧아지고, 그와 동시에 1등 기업만 승리하는 '탑 셰어 현상'이 탄생했습니다.

지수적 접근

미래를 예측할 때, 지수라는 흥미로운 '인공적 숫자'가 종종 쓰입니다.

'5^3'은 뭐라고 읽으면 될까요? '5의 3승'입니다. 이것은 '$5 \times 5 \times 5$'를 의미하며 '5를 세 번 곱한다'는 뜻입니다. 2승은 자승이라고도 하는데 그 외의 경우에는 '숫자'승(4승, 5승……)이라고 합니다.

그렇다면 $5^3 \times 5^2$는 얼마일까요?

이것은 $(5 \times 5 \times 5) \times (5 \times 5)$로 5를 총 다섯 번 곱했으므로 5^5입니다. 즉, 수학적으로 표현하면 $a^n \times a^m = a^{n+m}$입니다. 바로 31쪽에서 설명한 일반화입니다. 그러면 $5^5 \div 5^2$의 답은 무엇일까요?

이것은 $\dfrac{5 \times 5 \times 5 \times 5 \times 5}{5 \times 5} = 5 \times 5 \times 5 = 5^3 = 5^{5-2}$입니다(앞에서도 해 봤지만, 나눗셈은 분수입니다). 일반화된 식으로 표현하면

$a^n \div a^m = \dfrac{a^n}{a^m} = a^{n-m}$입니다. 그러면 $5^2 \div 5^5$는 얼마일까요?

$\dfrac{5 \times 5}{5 \times 5 \times 5 \times 5 \times 5} = \dfrac{1}{5^3}$ 입니다. 앞에서 나온 '$a^n \div a^m = a^{n-m}$' 식에

$n = 2, m = 5$를 대입하면 $5^2 \div 5^5$는 $\dfrac{1}{5^3} = 5^{2-5} = 5^{-3}$입니다. 이것을 보니 $\dfrac{1}{5^3} = 5^{-3}$이라고 생각하면 편리할 것 같습니다.

그러면 일반화해 봅시다. $a^{-n} = \dfrac{1}{a^n}$입니다. 그렇다면 $\dfrac{5^3}{5^3}$ 은?

답은 1입니다. 아까 나온 식으로 계산하면 $5^{3-3} = 5^0 = 1$입니다. 5의 0승이 '1'이 되지 않으면 앞뒤가 맞지 않습니다. 이를 일반화하면 $a^0 = 1$입니다.

조금 더 파고들어 보겠습니다. $(5^3)^2$를 계산하면 어떻게 될까요?

$(5 \times 5 \times 5)^2 = (5 \times 5 \times 5) \times (5 \times 5 \times 5) = 5^6$입니다. 그리고 이를 일반화하면 $(a^n)^m = a^{nm}$입니다(잘 따라오고 있습니까?).

그러면 $4^{\frac{1}{2}}$(4의 $\frac{1}{2}$승)은 무슨 숫자가 되어야 앞뒤가 맞을까요? $4^{\frac{1}{2}}$을 제곱해 봅시다.

$(4^{\frac{1}{2}})^2 = 4^{\frac{1}{2} \times 2} = 4^1 = 4$

즉, $4^{\frac{1}{2}}$를 제곱하면(두 번 곱하면) 4가 됩니다. 이해되십니까? $\square \times \square = 4$ 이므로 $\square$은 2입니다. 다르게 표현하면 $\sqrt{4}$ 라고도 쓸 수 있습니다. 즉, $4^{\frac{1}{2}} = \sqrt{4}$입니다(중학교 수학 시간에 루트 4, 또는 '4의 제곱근'이라고 배웠습니다. 그리고 20쪽의 표준편차에서 이것을 사용했습니다).

그러면 $8^{\frac{1}{3}}$은?

세 번 곱해서 8이 되는 숫자를 말합니다. 이것은 $\sqrt[3]{8}$ ('8의 3승근'이라고 읽습니다)으로 씁니다. $2 \times 2 \times 2 = 8$이므로 $\sqrt[3]{8}$은 2입니다.

위의 내용을 일반화하면 $a^{\frac{1}{n}} = \sqrt[n]{a}$ 입니다. 이를 앞에서 나온 식과 합치면 $a^{\frac{m}{n}} = (\sqrt[n]{a})^m$입니다.

여기까지 이해했다면, 지수 계산은 34쪽에서 설명한 엑셀의 'POWER' 함수가 전부 계산해 줍니다. 예를 들어, $\sqrt[3]{8} = 8^{\frac{1}{3}}$이라면 함수 [POWER]를 선택하고 Number란에 '8', Power란에 '$\frac{1}{3}$'을 입력하면 '2'라는 답이 나옵니다.

그렇습니다. 지수란 a^n의 n을 뜻합니다.

신은 인간에게 1, 2, 3……이라는 숫자만을 내려 주었습니다(이것을 자연수라 합니다). 인간은 이 숫자로부터 분수, 소수, 0, 음수를 비롯해 다양한 숫자들을 인공적으로 창조해 왔습니다. 지수, 그리고 나중에 다루게 될 로그 등이 그 전형적인 예입니다. 이러한 인공적 수학이야말로 수학의 원점입니다. 그리고 인공적 수학은 의외로 비즈니스에도 쓰이고 있습니다. 이런 아이디어를 세상에 내놓은 수학자들에게 감사할 따름입니다.

지수는 실생활과는 아무런 관련도 없을 것 같지만, 사실은 수많은 '수학 포기 자들'이 몸담고 있는(실례되는 표현이지만, 필자는 마케팅 전문가를 만나면 항상 직감적인 대화만 나누곤 합니다) 마케팅의 세계에서도 많이 쓰이고 있습니다. 마케팅은 미국에서 생겨난 학문이지만, 수많은 마케팅 학자들과 수학자들이 도전을 거듭해 온 결과, 이제는 완전히 실용화되었습니다.

가령 46쪽에 나온 '상권'에도 지수가 사용됩니다. 상권 이론 중에 허프 모델 (허프 씨가 고안한 상권 모델)이라는 유명한 이론이 있습니다. 쇼핑센터 등의 대형 상업 시설을 오픈할 때, '얼마나 많은 고객이 모일 것인지(이것을 '흡인력'이라고 표현합니다)'를 숫자로 예측하는 것입니다.

허프 씨는 이 흡인력을 '매장 면적(a)'과 '매장에서 고객이 있는 지역까지의 거리(b)'를 이용하여 다음과 같은 예측식을 만들었습니다.

$$흡인력 = \frac{a}{b^n} = ab^{-n}$$ ← 매장 면적이 넓어질수록 흡인력은 커지고, 거리가 멀어지면 흡인력은 떨어진다(납득할 수 있습니다).

이때, 지수 n은 매장의 취급 상품에 따라 달라집니다. 예를 들어, 의류 등의 패션 상품은 n에 $\frac{3}{2}$을 넣습니다. 무려 $\frac{3}{2}$승입니다! 즉 $b^{\frac{3}{2}}$입니다. 실제 매장 오픈 이후의 결과를 가지고 흡인력을 분석하면 $\frac{3}{2}$이 딱 들어맞습니다. 바로 회귀 분석이 낳은 결과입니다.

$b^{\frac{3}{2}}$도 지레 겁먹을 필요 없습니다. "b^3의 제곱근입니다." 일본에서 마케팅 업무를 할 때 이런 말을 하면 주위 사람들이 깜짝 놀랄 겁니다. 그리고 이 역시 비즈니스 툴인 엑셀의 'POWER'를 사용하면 눈 깜짝할 사이에 계산이 완료됩니다.

추가로, 지수함수에 대해서도 설명하겠습니다. 함수란 어떤 숫자(45쪽의 설명변수)가 정해짐에 따라 다른 숫자(피설명변수)도 결정되는 관계를 말합니다. 이미 '엑셀 활용법'에서 함수(fx)라는 용어를 사용한 바 있는데, fx의 f는 function(함수의 영어 표현)의 첫 글자입니다. 그리고 x는 설명변수에서 자주 쓰기 때문에 fx라고 표현합니다.

예를 들어, '월급(y로 표현)이 '기본급(20만 엔)과 야근시간(x)'에 따라 정해진다'고 해 봅시다. 야근수당의 임금률(시급을 말함)이 2,000엔이라면 $y = 200,000 + 2,000 \times x$입니다. x(야근시간)가 정해지면 그에 따라 y(월급)도 정해지므로 y는 x의 함수입니다. 그래프로 나타내면 그림 1-12와 같습니다. 이 직선의 기울기는 2,000입니다.

지수함수란 $y = 2^x$와 같이 '함수 중의 하나가 지수'인 것입니다. $y = 2^x$는 $x = 1$일 때 $y = 2$, $x = 2$일 때 $y = 4$, $x = 3$일 때 $y = 8$……이므로 그래프로 나타내면 그림 1-13의 왼쪽 그림과 같습니다. $y = 2x$(오른쪽 그림)와 비교해 보십시오. $y = 2x$에 비해 $y = 2^x$는 중간에서부터 '급격히' 상승합니다. $y = 2^x$와 같은 곡선을 지수곡선이라고 합니다.

한편, $y = 2x$와 같은 직선을 선형이라고도 합니다. 43쪽의 엑셀에서 선택한

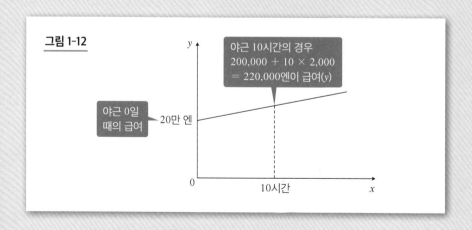

그림 1-12

야근 10시간의 경우
$200,000 + 10 \times 2,000$
$= 220,000$엔이 급여(y)

야근 0일 때의 급여 → 20만 엔

y

10시간

x

0

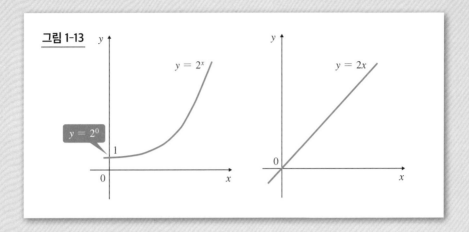

그림 1-13

'선형'은 '직선'을 의미합니다.

이번에는 시간(x)과 어떤 상품의 매출(y) 간의 관계에 대해서 생각해 보겠습니다. $y = 2x$라면 시간이 경과함에 따라 매출이 순조롭게 상승합니다. 하지만 $y = 2^x$라면 '시간이 경과함에 따라 매출은 급격하게 상승'합니다. 1년 동안 무려 2배의 상승을 보입니다. 그래서 $y = 2^x$와 같은 상승을 종종 '곱절 게임(2배씩 늘어남)'이라고 부르기도 합니다.

$y = 2^x$의 '2'가 '1'보다 클 때는 그 수가 커질수록 y는 더욱 급격하게 커집니다. $y = 3^x$는 3배씩 상승하므로 $y = 2^x$보다 '더욱 가파르게' 올라갑니다.

그러면 1보다 작은 경우에는 어떻게 될까요? $y = \left(\frac{1}{2}\right)^x$는?

x가 0이면 y는 1, x가 1이면 y는 $\frac{1}{2}$, x가 2라면 y는 $\frac{1}{4}$, 이런 식으로 x가 커질수록 y는 더욱 작아집니다. 한편, x가 −1이면 y는 2, x가 −2라면 y는 4가 됩니다. 그래프로 나타내면 그림 1-14와 같이 부드럽게 우하향하는 곡선이 그려집니다.

x가 커질수록 y는 점점 더 작아지다가 결국에는 0에 가까워집니다. 이 곡선

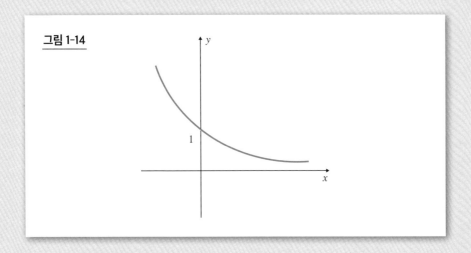

그림 1-14

은 생산 비용 절감과 품질 관리 분야 등에서 자주 쓰입니다. 시간(x)이 경과함에 따라 y(비용, 불량률)가 점차 하락하는 원리입니다. 이 곡선을 사용하면 미래의 비용과 품질을 예측할 수 있습니다.

생산의 미래를
예측하자

2장

이번 장은 생산 분야입니다. 생산 분야에 몸담고 있는 사람들은 비교적 이과(이과와 문과는 '수학을 좋아하는지'에 따라 나뉘는 경우가 많음) 계통이 많기 때문에 업무에서도 수학이 자주 쓰입니다. 3장에서 설명할 판매 분야와는 대조적입니다. 다만 그중 대부분이 통계수법의 활용에 지나지 않고, 그마저도 품질 관리 업무에 편중되어 있습니다. 게다가 품질관리의 통계 활용(통계적 품질 관리라고 부름)은 방법이 완전히 정형화되어 있기 때문에, 실질적인 업무는 전부 컴퓨터로 처리합니다. 그래서 실제 업무 담당자라도 '왜 이렇게 하는지' 이해하지 못하는 사람이 많습니다. 즉, 업무가 이미 고착화되어서 다른 업무에는 통계 수법을 활용할 수 없게 된 것입니다.

이번 장에서는 체계적이면서도 미스터리한 생산 분야에 대해 통계적 접근과 확률적 접근, 미적분적 접근이라는 '예측의 세 가지 화살'을 이용해서 살펴보도록 하겠습니다.

불량품은 어느 회사의 부품일까?

먼저 현대 생산의 최대 테마인 불량에 대해서 알아봅시다. 여기서는 확률적 접근을 이용하도록 하겠습니다. 다음 사례를 살펴봅시다.

> **사례**
>
> A사에서는 B라는 기계를 제작하기 위해 C 부품을 대량으로 사용한다. A사는 C 부품을 X사, Y사, Z사 세 곳에서 각각 20%, 30%, 50%의 비율로 구입하고 있다. X사, Y사, Z사의 과거 납품 실적을 통해 각 회사의 부품 불량률이 8%, 6%, 3%*라는 사실은 이미 알고 있다. A사가 B 기계를 고객에게 납품하고 얼마 지나지 않아, 불량이 발생했다는 클레임이 접수되었다. 조사 결과, C 부품이 불량이었다는 사실이 밝혀졌는데, B 기계의 출하품질검사에서 제대로 확인되지 않았던 것으로 추정된다. C 부품은 즉각 교환하였지만 A사는 불량 원인을 조사하고자 한다. 하지만 해당 부품이 X, Y, Z 중 어느 회사가 납품한 것인지 알 수가 없다. C 부품의 불량을 조사하려면 시간과 비용이 소요되므로 가능성이 높은 회사부터 조사에 착수할 생각이다. 어느 회사부터 조사할지를 결정하기 위해 이 불량품이 X사, Y사, Z사의 부품일 확률을 구해보자.

위 사례의 확률을 계산해 봅시다. 만약 A사가 C 부품을 1,000개 구입한다면 그중 200개(20%)가 X사, 300개(30%)가 Y사, 500개(50%)가 Z사가 생산한 것입니다. X사의 부품 200개가 불량품일 확률은 8%이므로, 불량품의 기댓값(어감이 약간 이상합니다만)은 200 × 0.08 = 16개입니다. 마찬가지로 Y사의 기댓값은 300 × 0.06 = 18개, Z사는 500 × 0.03 = 15개입니다.

따라서 C 부품 1,000개를 구입했을 때 불량품의 기댓값을 모두 합하면

---

* 현실적으로 불량률이 이 정도로 높게 나오는 일은 거의 없지만, 0.00008%처럼 0이 많이 붙은 '작은 숫자'는 계산하기 힘들기 때문에 일부러 수치를 높게 잡았습니다. 해당 사례의 불량률을 0.00008%, 0.00006%, 0.00003%로 바꿔서 계산해도 결과는 동일합니다.

$16 + 18 + 15 = 49$개입니다. 49개의 부품 중 X사의 불량품은 16개이므로 확률은 $\frac{16}{49} = 33\%$가 됩니다. 마찬가지로 Y사는 $\frac{18}{49} = 37\%$가 되고, Z사는 $\frac{15}{49} = 31\%$가 됩니다. 결론적으로 불량품인 C 부품은 Y사의 생산품일 확률이 가장 높습니다.

베이즈가 고안한 확률

사실 이는 베이즈 정리라고 불리는 개념으로, 최근 비즈니스의 세계에서 주목받고 있습니다. 베이즈 정리에서는 위 사례의 8%, 6%, 3%의 불량률을 사전 확률이라고 합니다. 즉, 불량이 발생하기 전(납품 단계에서 불량이 일어나지 않음)의 확률입니다. 한편, 앞에서 계산한 33%, 37%, 31%는 사후 확률이라고 합니다. 이것은 불량이 발생한 후에 해당 불량이 X사, Y사, Z사의 부품일 확률을 뜻합니다. 베이즈 정리란 사전 확률로부터 사후 확률을 구하는 '식'입니다.

만약 상기 사례에서처럼 기댓값을 구한다면 베이즈 정리(베이즈가 고안한 식)를 몰라도 답을 얻을 수 있습니다. 하지만 업계의 주목을 받고 있는 정리이니만큼, 그 의미와 식을 알아둘 가치는 있을 테니 한번 일반적으로 사용할 수 있는 '식'으로 만들어 봅시다. 즉, '일반화'입니다. 약간 까다롭지만 집중해서 따라와 주시기 바랍니다.

먼저 구입비율 0.2(20%), 0.3(30%), 0.5(50%)는 각각 C 부품 1개를 납품받았을 때 해당 상품이 X, Y, Z사의 제품일 확률입니다. 한편, X사의 불량률 0.08(8%)은 'X사로부터 납품받았을 때 해당 상품이 불량일 확률'입니다. 이것을 조건부확률이라고 합니다. 즉 'X라는 사건이 발생했을 때(이것이 '조건')' 그것이 '불량'일 확률입니다.

여기서 알고자 하는 것은, 반대로 '불량'이라는 사건이 일어났을 때 그것이 'X'일 확률입니다. 바로 위의 경우와 '반대의 조건부확률'입니다. 이것을 상기 사례에서는 다음과 같이 구했습니다.

$$\frac{(1{,}000 \times 0.2 \times 0.08)}{(1{,}000 \times 0.2 \times 0.08 + 1{,}000 \times 0.3 \times 0.06 + 1{,}000 \times 0.5 \times 0.003)}$$

↑ 1,000개 납품되었다는 가정임.

모든 부분에 1,000이 들어 있으므로 그것을 빼버리면 다음과 같아집니다.

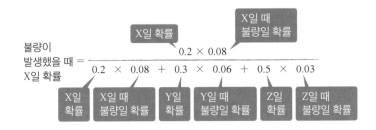

이것이 베이즈 정리입니다. 여기까지만 해도 괜찮지만 조금 더 수학적으로 일반화해 봅시다.

수학적 설명

X, Y, Z라는 3개(2개든 4개든 5개든 …… 아무 상관없습니다)의 사상(事象, '무언가 일어난다는 뜻'의 수학 용어) 중 하나가 반드시 발생한다. X, Y, Z가 발생할 확률은 P(X), P(Y), P(Z)라는 것을 알고 있다(셋 중 하나는 발생하므로 P(X) + P(Y) + P(Z) = 1).

이 사상과 관련하여 다른 사상 N(상기 사례에서는 '불량')이 발생한다. P(N | X), P(N | Y), P(N | Z)는 이미 알고 있다. P(N | X)란, X(X 부품이 납품됨)라

는 사상이 발생했을 때 N(불량)이 일어날 '조건부확률'이다.

이때 P(X | N), 즉 'N(불량)이 발생했을 때 X가 일어날 확률(불량이 X일 확률)은 다음과 같이 구할 수 있다.

$$P(X \mid N) = \frac{P(X) \times P(N \mid X)}{P(X) \times P(N \mid X) + P(Y) \times P(N \mid Y) + P(Z) \times P(N \mid Z)}$$

이것이 수학적으로 설명한 베이즈 정리 식입니다. 까다로운 설명이었지만 찬찬히 읽어보면 누구라도 이해할 수 있습니다. 정 읽기 귀찮다면 이 부분을 건너뛰더라도 앞에서 설명한 식을 이용해 베이즈 정리를 사용할 수 있습니다.

스팸 메일 대책에도 활용되는 베이즈 정리

베이즈 정리는 다양한 용도로 사용되고 있는데, 그중 가장 유명한 것이 스팸 메일 여부를 판단하는 소프트웨어입니다. 일반인은 이 소프트웨어를 단순히 사용만 하므로 직접적인 관련은 없지만, 베이즈 정리의 좋은 활용 사례이니만큼 한번 살펴보도록 하겠습니다.

현재, 내가 받은 메일이 스팸 메일일 확률(받은 메일 중에 스팸 메일이 몇 % 있는가)이 70%, 정상 메일일 확률이 30%라고 가정해 봅시다(메일 소프트웨어에서 자동으로 개수를 셉니다). 또한 메일 내용에 '무료'라는 단어가 들어간 스팸 메일이 전체의 8%, '무료'라는 단어가 들어간 정상 메일이 전체의 1%라고 해 봅시다(이 역시 스팸 메일함을 만들어서 넣어 두면 개수를 세어 줍니다).

이때 '무료'라는 단어가 들어간 메일이 왔을 경우, 이것이 스팸 메일일 확률을 구해 봅시다. 베이즈 정리를 이용하면 다음과 같은 식이 나옵니다.

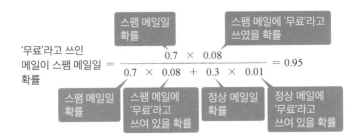

즉, 스팸 메일일 확률은 95%입니다. 하지만 그렇다고 해서 '무료'라는 단어가 들어간 메일을 무조건 스팸 메일함으로 옮겨 버리면 5%의 정상 메일도 스팸 처리가 되어 버립니다. 그러므로 '안전'이라는 단어가 들어가 있는가 등의 조건을 추가하여 스팸 메일을 필터링함으로써 적중 확률을 높입니다. 그리고 적중 확률이 일정 수준(예를 들면, 뒤에서 다룰 99%, 99.9%)에 도달한 메일을 스팸 메일함에 넣으면 됩니다.

이렇게 베이즈 정리를 이용한 스팸 메일 필터링 방법을 베이즈 필터라고 부릅니다.

베이즈 정리는 불량이나 문제 등의 원인 파악뿐만 아니라, 어떤 사건이 발생한 이후에 발생 전의 상태를 예측할 때도 상당히 편리하게 사용할 수 있습니다.

수주 생산의 테마는 원가 견적

다음은 생산 분야에 대한 통계적 접근입니다. 앞에서 서술한 바와 같이 생산 분야에서 통계 수법은 주로 품질관리 업무에서 활용되어 왔습니다. 여기서는 '생산의 핵심'이라 할 수 있는 생산 전략에 도전해 보겠습니다.

생산 업무는 두 가지 타입으로 나눌 수 있습니다. 바로 예측 생산과 수주 생산입니다. 예측 생산이란 동일한 제품을 반복적으로 생산하여 판매하는 방식을 말합니다. 즉, '만든 후에 파는' 타입으로, 주로 소비재(소비자가 사는 물품)에서 많이 관찰됩니다. 예측 생산은 '얼마나 만들 것인가'가 최대 전략과제입니다. 생산 전략에 대해서는 뒤에 나오는 미적분적 접근에서 살펴보겠습니다.

한편, 수주 생산이란 고객과 사양(어떤 제품을 만들 것인가)을 협의하고 원가 견적을 산출해 견적서를 낸 후에 고객과 합의하여 수주한 후에 생산을 시작하는 방식입니다. 즉, '팔린 후에 만드는' 타입으로 생산재(기업이 사는 물품)에서 많이 관찰됩니다. 건설업의 각종 공사 등도 수주 생산입니다.

수주 생산에서는 '원가 견적'이 최대 전략과제입니다. 즉, 생산하려면 비용이 얼마나 드는가에 대한 '예측'입니다. 예측 생산은 기본적으로 동일한 제품을 반복 생산하므로 과거 원가를 토대로 비교적 간단하게 원가를 예측할 수 있지만, 수주 생산에서는 매번 다른 제품을 만들기 때문에 원가 견적을 산출하기가 쉽지 않습니다.

여기서는 원가 견적, 즉 '미래의 원가 예측'에 관해 통계를 활용하여 접근하겠습니다.

정당한 공수를 산출하자

수주 생산의 최대 특징은 원가에서 '사람'이 차지하는 비율이 높다는 점입니다. 예측 생산은 동일한 제품을 만들기 때문에 공정을 기계화할 수 있습니다. 하지만 수주 생산은 고객과 합의한 사양에 맞춰야 하기 때문에 사람이 고민하면서 만들 수밖에 없습니다. 따라서 원가 견적의 핵심은 '사람이 업무를 수행할 때 어느 정도의 시간이 걸릴까?' 하는 것입니다. 이 '시간'을 공수, 그리고 '미래의 시간'을 예측하는 것을 공수 견적이라고 합니다.

'시스템 개발'이라는 수주 생산(시스템 사양을 고객과 합의한 후에 판매) 분야는, 비교적 이른 시기부터 공수 견적의 통계적 접근에 도전했습니다. 이는 일반적인 수주 생산, 나아가서 건설업 공사 등에도 적용되고 있습니다.

다음 사례를 살펴봅시다.

사례

A사는 고객 요구에 따라 정보시스템을 개발하는 회사다. A사에서는 고객의 문의가 접수되면 개발부가 공수 견적을 내고, 그것을 토대로 영업부가 고객에게 견적서를 제출한다. 공수 견적은 개발부 매니저가 과거 경험을 토대로 각 공정별 공수man-month* 견적을 산정한다.

최근, 영업부에서 '개발부가 산정한 공수 견적이 타사 대비 지나치게 크다. 이 때문에 어쩔 수 없이 고객에게 제시하는 금액이 비싸져서 수주가 힘들다'라는 의견이 나오고 있다.

개발부 매니저는 인사평가의 지표인 이익을 고려하기 때문에, 공수 견적을 높게 산정하는 경향이 있다. 개발부가 견적을 낸 공수는 목표 원가**의 기초로, 이를 초과해 버리면 적자가 되기 때문에 어찌 보면 당연한 일이다. 하지만 이러한 방식은 자신의 성적 측정 '기준'을 직접 만드는 것과 다름없으므로 불공평한 행위다.

A사의 원가관리부에서는 공수 견적을 공정하게 산정할 수 있는 방법이 없을까 고민 중이다.

A사에서는 사람의 '감'에 의한 '잘 들어맞는 공수'가 아니라, 누구나 동의할 수 있는 '공정한 공수'의 견적을 내야 할 상황에 놓여 있습니다. 이럴 때 필요한 것이 통계적 접근입니다. 즉, '같은 숫자를 넣으면 누가 해도 동일한 답이 나오는 방법'을 찾아내는 것입니다.

1장의 통계적 접근을 배운 독자라면 이미 해결 방법을 알고 있을 겁니다. 견적 공수에 영향을 미치는 요인(설명변수)을 정하고, 설명변수로 실적 공수를 회귀분석하여 견적 공수의 '회귀식'을 만들면 됩니다.

- 인월(人月)이라고도 함. 한 사람의 1개월간 작업량.
- 목표 원가보다 저렴하게 만들면, 절약된 금액이 개발부의 이익으로 산정된다.

공수에 영향을 미치는 요인

하지만 먼저 해결해야 할 과제가 하나 있습니다. 과연 무엇을 설명변수로 정할 것인가 하는 것입니다. 화면 수, 입력항목 수, 데이터베이스항목 수, 출력항목 수, 요구기능 수, 클라이언트 대수 등 수많은 요인들이 있습니다.

A사에서는 견적 공수 회귀식을 고객과의 영업 협상 미팅에서 활용할 생각입니다. 즉, 사양을 변경하면 견적금액(원가)이 얼마나 달라지는지를 영업부가 이해하고, 이를 활용해 고객과 함께 사양을 정하는 것입니다. 그렇기 때문에 최대 3개의 설명변수를 정하고자 합니다. 그렇다면 설명변수는 '공수에 미치는 영향이 큰 순서대로 3개를 선택하는 것'이 일반적인 방법입니다. 그러기 위해서는 공수와의 관련도를 숫자로 나타내면 답을 얻을 수 있습니다.

이러한 경우에 사용할 수 있는 통계적 접근은 상관분석으로, '관련도'를 숫자로 나타낸 것을 상관계수라고 부릅니다. 상관분석에는 다양한 방법이 있는데 일반적으로 쓰이는 상관계수는 피어슨 씨가 고안한 것입니다. 이 책 역시 많은 사람들이 동의한(＝엑셀로도 계산 가능한) 피어슨 씨의 상관계수를 가지고 살펴보겠습니다(이 상관계수는 피어슨의 적률상관계수라고도 부르지만, 대부분의 경우는 상관계수라고 하면 이것을 말합니다).

상관계수를 설계하자

먼저 '공수'와 '화면 수', 이 두 숫자를 가지고 상관계수를 살펴보겠습니다. '공수'를 y축(피설명변수는 항상 y축입니다), 화면 수를 x축에 두고 산포도를 그리니 그림 2-1과 같은 그림이 나왔습니다.

그림 2-1을 보면 '공수'와 '화면 수' 사이에는 '아무런 관련이 없는 것' 같아 보입

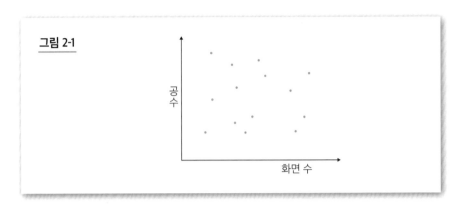

그림 2-1

공수 (y축)

화면 수 (x축)

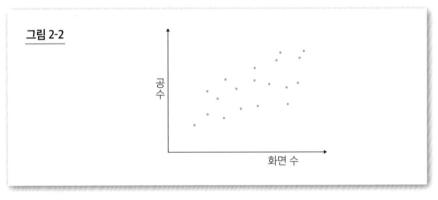

그림 2-2

공수 (y축)

화면 수 (x축)

니다. 이 상태를 '공수와 화면 수는 상관이 없다'라고 표현합니다. 피어슨 씨는 이러한 '상관없음'의 경우에는 상관계수가 '0'이 되도록 계산식을 만들었습니다. '공수'와 '화면 수'의 상관계수가 0(상관없음) 또는 0에 가깝다면(거의 상관없음) 화면 수는 공수의 설명변수로는 적절하지 않다고 할 수 있습니다.

만약 그림 2-2처럼 된다면 어떨까요? 여기서는 화면 수가 커질수록 공수도 커지는 경향이 뚜렷하게 보입니다. 이렇게 '한 숫자가 커지면 다른 숫자도 커지는' 상태를 '상관있음'이라고 합니다. 정확하게 말하면 '정적 상관있음'입니다. 이러한 관계라면 화면 수를 설명변수로 삼아도 좋을 것 같습니다.

그러면 그림 2-3의 경우는 어떤지 봅시다. 그림 2-2보다 '공수'와 '화면 수'의

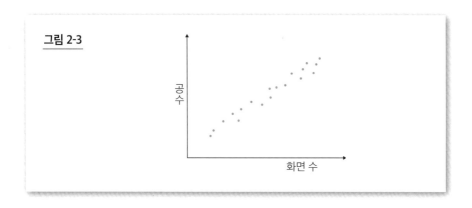

그림 2-3

공수

화면 수

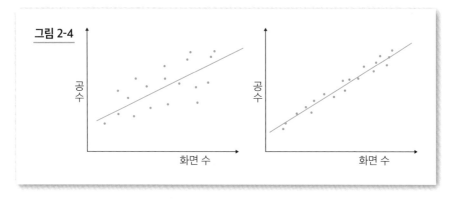

그림 2-4

공수

화면 수

공수

화면 수

상관이 '강한 느낌'이 듭니다. 그림 2-2, 그림 2-3에서 회귀직선을 그으면 어떻게 될까요(그림 2-4)? 회귀직선은 '각 점과 직선 간 거리의 합이 최소가 되도록 그린 선'이었습니다. 이 '거리의 합'이 오른쪽 그림이 왼쪽 그림보다 작다는 것을 알 수 있습니다.

피어슨 씨는 '거리의 합'을 상관계수의 토대로 삼기로 했습니다. 즉, '거리의 합'이 작을수록(＝관계가 강함) 상관계수는 크고, '거리의 합'이 클수록(＝관계 가 약함) 상관계수는 작아집니다. 그리고 '거리의 합이 0'이 되는 시점을 상관계 수 '1'로 정했습니다. '거리의 합이 0'이라는 뜻은 각 점들이 일직선으로 배열된 경우를 말합니다.

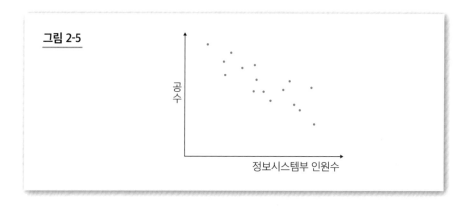

그림 2-5

공수

정보시스템부 인원수

그러면 만약 '고객의 정보시스템부 인원수'와 '공수'로 산포도를 그렸을 때, 그림 2-5와 같은 결과가 나왔다고 해 봅시다. '정보시스템부 인원수'가 커질수록 '공수'는 작아집니다. 앞의 내용과 반대로 '한 숫자가 커지면 다른 숫자는 작아지는' 것입니다. 이것을 부적 상관이라고 합니다. 부적 상관이 있는 숫자도, 공수의 설명변수로 사용할 수 있습니다.

이 경우 역시 정적 상관과 마찬가지로 점과 선이 완전히 일치하는 상태를 −1로 보고, 떨어져 있을수록 절댓값(마이너스 부호를 제거한 것. −1이라면 '1')이 작아집니다. 그리고 −0.9, −0.8, −0.7……로 가다가 '상관없음'이 되면 0이 됩니다.

이것이 피어슨 씨가 고안한 상관계수로, 사람이 느끼는 '두 숫자의 관련도'를 1에서 −1 사이의 숫자로 나타낸 것입니다. 상관계수를 이용하면 상기 사례에서 공수의 설명변수로 적합한 세 가지 요인을 선택할 수 있습니다. 즉, 상관계수의 절댓값이 큰 세 항목을 채택하면 되는 것입니다.

상관계수로 설명변수를 고르자

여기까지 이해했다면 상관계수를 실제로 계산해 봅시다. 설명변수의 후보는 아주 많습니다만(이것이 상관분석을 하는 이유입니다), 이해하기 쉽도록 그림 2-6처럼 4개 후보에 대해서만 알아보겠습니다(물론 100개, 200개도 가능합니다). 여기에는 과거 공수와 이에 대응하는 네 가지 숫자가 쓰여 있습니다. 이 계산 역시 엑셀로 합니다.

엑셀 활용법 2-1과 같이 하면 그림 2-7과 같은 표가 나옵니다. 이 표에서는 공수를 포함해 다섯 항목의 상호 간 상관계수가 계산되어 있습니다. 공수와 각 항목 간의 상관계수는 점선 박스 안의 숫자입니다. 화면 수가 0.78, 입력항목 수가 0.76, 데이터베이스항목 수가 0.32, 출력항목 수가 0.62입니다. 이 중에서 화면

그림 2-6

No	공수 (man-month)	화면 수	입력항목 수	데이터베이스 항목 수	출력항목 수
1	85	58	23	45	70
2	105	78	25	38	242
3	245	124	65	72	148
4	98	96	38	125	92
5	43	45	15	28	78
6	188	58	23	25	102
7	327	108	75	85	225
8	78	44	42	45	28
9	28	32	38	42	35
10	162	85	51	38	72

엑셀 활용법 2-1 상관분석

❶ [데이터] → [데이터분석] → [상관분석]을 선택한다.

❷ [첫째 행 이름표 사용]을 체크한다.

❸ [입력 범위]에 그림 2-6의 'No'를 제외한 5열을 제목(공수, 화면 수 등)을 포함
   해 지정한다.

❹ 열이 하나의 항목으로 되어 있으므로 [데이터 방향]에서 [열]에 체크한다.

❺ [확인]을 클릭한다.

그림 2-7

	공수(man-month)	화면 수	입력항목 수	데이터베이스항목 수	출력항목 수
공수(man-month)	1				
화면 수	0. 783800914	1			
입력항목 수	0. 76370344	0. 70477341	1		
데이터베이스항목 수	0. 32027142	0. 63955875	0. 508094681	1	
출력항목 수	0. 624595783	0. 63720588	0. 326201886	0. 220218511	1

↳ 이 부분이 공수와의 상관관계

수, 입력항목 수, 출력항목 수, 이렇게 세 가지를 골라봅시다.

　세 항목을 설명변수로 정하고 중회귀분석을 하면 견적 공수 식이 나옵니다.
방법은 48쪽의 엑셀 활용법 1-6의 '중회귀분석'을 참고해 주십시오. 결과는 그림
2-8입니다.

　따라서 공수를 계산하는 '식'은 다음과 같습니다.

　견적 공수(man-month)
　＝ 0.73 × 화면 수 + 2.4 × 입력항목 수 + 0.4 × 출력항목 수 － 56

　이 식을 통해 사양(화면 수, 입력항목 수, 출력항목 수)만 정해지면 누가 해도

그림 2-8

회귀분석 통계량	
다중 상관계수	0.870888543
결정계수	0.758446853
조정된 결정계수	0.63767028
표준 오차	56.90179794
관측수	10

분산 분석

	자유도	제곱합	제곱 평균	F 비	유의한 F
회귀	3	60998.01235	20332.67078	6.279751	0.027888
잔차	6	19426.88765	3237.814609		
계	9	80424.9			

	계수	표준 오차	t 통계량	P-값	하위 95%	상위 95%	하위 95.0%	상위 95.0%
Y 절편	-56.3871338	49.78778878	-1.13254947	0.300624	-178.213	65.4392	-178.213	65.4392
화면 수	0.730190331	1.109567451	0.658085572	0.534902	-1.98482	3.445204	-1.98482	3.445204
입력항목 수	2.411048578	1.409901557	1.710082924	0.138103	-1.03886	5.860953	-1.03886	5.860953
출력항목 수	0.401949258	0.342675148	1.172974637	0.28526	-0.43655	1.240445	-0.43655	1.240445

└─→ 여기를 사용

동일한 견적 공수를 얻을 수 있습니다. 또한 영업부는 고객에게 사양과 견적금액을 동시에 제시(이 사양이라면 얼마, 여기를 바꾸면 얼마……)할 수 있습니다.

우선 적분을 준비하자

이번에는 앞서 등장한 테마였던 예측 생산의 '얼마나 만들 것인가'라는 생산 전략에 대해 살펴보겠습니다. 여기서는 미적분적 접근을 활용합니다. 이 전략을 살펴보려면 먼저 적분에 대해 알아볼 필요가 있습니다. 다음의 예를 봅시다.

비만도를 알아보기 위해서 X 지구에 거주하는 만 40세 이상 남성의 체중을 파악하고자 합니다. 하지만 각각의 체중을 전부 알 수 없기 때문에, 건강진단을 받으러 온 100명의 체중 데이터를 수집했습니다.

수집한 데이터를 쉽게 파악하기 위해 5 kg 단위로 분류해서 세어 보았습니다(이것을 도수라고 합니다). 그리고 50 kg 이하, 50~55, 55~60, 60~65, 65~70, 70~75, 75 kg 이상의 구간으로 분류된 데이터를 세어 보았습니다.

엑셀 활용법 2-2 **히스토그램**

❶ 100명의 체중 데이터를 엑셀 1열에 입력한다.

❷ 옆 열에 구간 분류를 위한 데이터를 입력한다(50, 55, 60, 65, 70, 75를 입력).

❸ [데이터 분석]에서 [히스토그램]을 선택한다.

❹ [입력 범위]에 100명의 체중 데이터가 입력된 열을, [계급 구간]에 구간 분류 데이터(50, 55……)가 입력된 열을 선택한다.

❺ [차트 출력]에 체크하고 [확인]을 클릭한다.

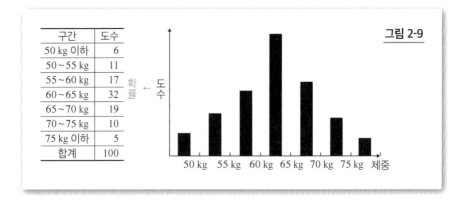

구간	도수
50 kg 이하	6
50~55 kg	11
55~60 kg	17
60~65 kg	32
65~70 kg	19
70~75 kg	10
75 kg 이하	5
합계	100

그림 2-9

이 도수를 히스토그램이라는 그래프로 나타내 봅시다. 이 역시 엑셀로 처리할 수 있습니다.

엑셀 활용법 2-2와 같이 하면 그림 2-9와 같은 표와 그래프가 출력됩니다. 70~75 kg인 사람은 100명 중 10명으로, 전체의 10%입니다. X 지구에서 체중이 70~75 kg 구간에 속한 사람은 몇 %일까요? 아무리 봐도 예측값은 10%입니다.

그러면 X 지구에 거주하는 사람을 한 명 골라, 그 사람의 체중이 70~75 kg 사이일 확률은 얼마나 될까요? 이 역시 10%라고 볼 수밖에 없습니다. 즉, 위 히스토그램의 높이(＝도수)는 확률을 나타낸다고 생각할 수도 있습니다.

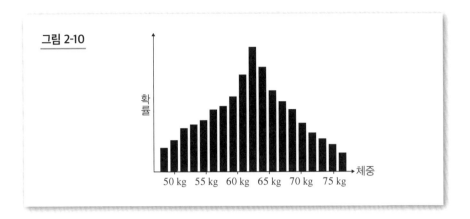

그림 2-10

만약 조사 대상 인원을 늘리고 구간을 더 촘촘하게 설정하면 그림 2-10과 같은 결과가 나옵니다.

동일한 과정을 한 번 더 반복해 봅시다(그림 2-11). 인원을 더 늘리고 구간을 촘촘히 설정하면 막대가 점점 이어지기 시작합니다(그림 2-12).

이렇게 되면 막대로 표시할 필요가 없으므로 막대를 제거하겠습니다. 그러면 그림 2-13과 같은 위로 볼록한 종 모양의 '종형 곡선'이 생깁니다. y축은 확률을 나타내므로, 이것은 체중에 관한 확률곡선(난해한 수학적 표현을 빌리자면 확률밀도함수)이라고 할 수 있습니다.

이 곡선의 70 kg 지점에서 선을 그려 봅니다(그림 2-14). 선의 높이는 무엇을 나타낼까요? '높이＝확률'이므로, 선의 높이는 70 kg의 사람일 확률을 뜻합니다. 하지만 '딱 70 kg의 사람'이 존재할 가능성은 사실 희박합니다(70.0001 kg라도 엄밀히 말하면 70 kg는 아니니까요). 그래서 폭이 필요한 겁니다.

그림 2-15의 보라색 부분의 면적은 무엇을 뜻할까요? 답은 이미 알고 있을 겁니다. 바로 70~75 kg의 사람일 확률입니다. 이 면적은 어떻게 구하면 될까요?

네, 바로 25쪽에서 설명한 적분을 사용하면 됩니다. 이 종형 확률곡선을 70 kg에서 75 kg까지 적분한 수치입니다.

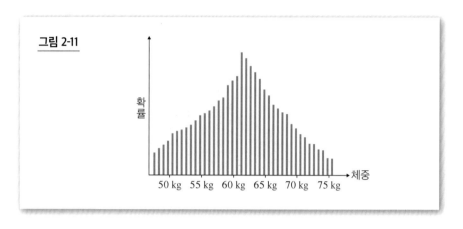

그림 2-11

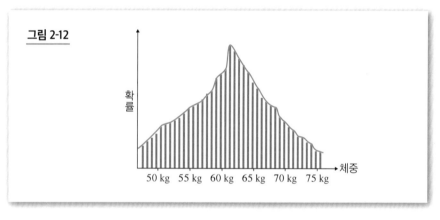

그림 2-12

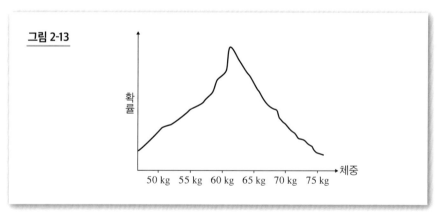

그림 2-13

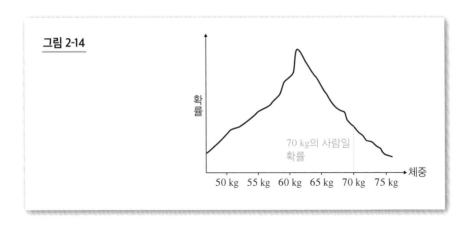

그림 2-14

확률

70 kg의 사람일
확률

체중

50 kg 55 kg 60 kg 65 kg 70 kg 75 kg

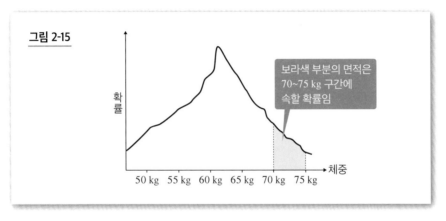

그림 2-15

확률

보라색 부분의 면적은
70~75 kg 구간에
속할 확률임

체중

50 kg 55 kg 60 kg 65 kg 70 kg 75 kg

종형 곡선으로 생각하자

적분 계산은 엑셀에 맡기는 수밖에 없습니다. 다만 엑셀로 처리하려면 먼저 확률 곡선의 패턴을 정해서 엑셀에 알려줘야 합니다.

수학에는 확률곡선의 다양한 곡선 패턴이 존재하지만, 비즈니스에 쓰일 때에는 정규분포라는 종형 곡선을 쓰면 거의 모든 문제가 해결됩니다. 종형은 중심이 솟아 있으며 좌우는 내려간 모양을 말하는 것으로 그림 2-13과 같은 곡선 유형입니다. 히스토그램을 만들어서 종형이 나타나면 종형 곡선 패턴(정규분포)으로 봄

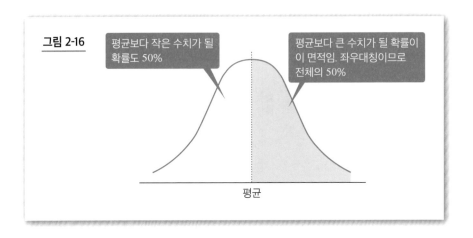

그림 2-16

평균보다 작은 수치가 될 확률도 50%

평균보다 큰 수치가 될 확률이 이 면적임. 좌우대칭이므로 전체의 50%

평균

니다.

만약 히스토그램이 종 모양이 아닌 경우에는 데이터 수가 적기 때문일 수도 있으므로, 데이터를 더욱 많이 모으는 것이 좋습니다. 상기 사례를 예로 들면 100명이 아니라 1,000명의 체중 데이터를 수집해 봅니다. 그래도 종형 곡선이 나오지 않으면 동일한 특징(성별, 직업별 등)을 가진 데이터로 시도하면 반드시 종형 곡선이 나옵니다.

이 종형 곡선(정규분포)에는 두 가지 특징이 있습니다. 첫 번째는 종형 곡선이 평균을 중심으로 좌우대칭이라는 것입니다. 즉, 어떤 수치가 평균보다 클 확률과 작을 확률이 모두 50%($\frac{1}{2}$)입니다(그림 2-16).

두 번째는 '평균'과 '표준편차(20쪽의 흩어짐)'가 정해지면 종 모양이 하나로 정해진다는 것입니다. 종 모양이 하나가 되면 엑셀로 적분할 수 있게 됩니다.

엑셀로 적분하여 확률을 구하자

그러면 X 지구의 체중 사례로 돌아가 봅시다. 만약 평균이 55, 표준편차가 15라고 가정해 봅시다. 엑셀로 보라색 부분의 적분(면적), 즉 확률을 다음과 같이 계산할 수 있습니다(그림 2-17).

이를 사용해서 X 지구에서 체중이 65 kg 이상의 '비만'일 확률을 구해 봅시다. 엑셀에서는 그림 2-17처럼 '이하'에 대한 확률만 구할 수 있으므로, 먼저 '65 kg 이하의 비만이 아닌 사람일 확률'을 계산합니다.

엑셀 활용법 2-3과 같이 계산하면 결과는 '0.747……'이라고 나옵니다. 즉 75%입니다. 따라서 65 kg 이상인 사람일 확률(＝비율)은 25%(100 − 75)입니다.

그러면 체중이 40~60 kg인 사람일 확률은 얼마일까요? 그림 2-18에서 알 수 있듯이 60 kg 이하일 확률(엑셀로 계산하면 63%)에서 40 kg 이하일 확률(16%)을 빼면 47%라는 답이 나옵니다.

엑셀을 이용하면 다른 계산도 가능합니다. 그림 2-17에서 '확률'로부터 x(체중)를 구하는 계산입니다. 예를 들어, '비만은 전체의 10%'라고 설정하면 '몇 kg 이상이 비만인가'에 대한 답을 구할 수 있습니다. 이 역시 앞의 사례와 마찬가지로 '비만이 아닌 사람'에 대해 계산하면 됩니다. 답은 90%입니다.

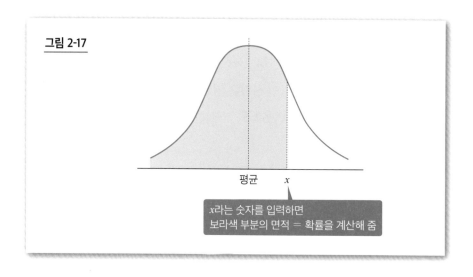

그림 2-17

평균 x

x라는 숫자를 입력하면
보라색 부분의 면적 = 확률을 계산해 줌

엑셀 활용법 2-3 **적분 1: 숫자입력**

❶ [함수 검색]란에 [정규분포]라고 입력한다.

❷ [함수 선택]에서 [NORM.DIST]를 선택한다.

❸ [X]에 '65', [Mean]에 '55', [Standard_dev]에 '15'를 입력한다.

❹ [Cumulative]에는 'true'라고 입력한다.

❺ [확인]을 클릭한다.

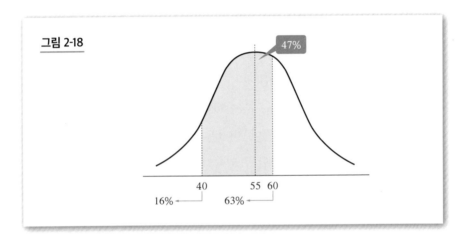

그림 2-18

엑셀 활용법 2-4와 같이 하면 '74.2……'이라는 값이 나옵니다. 74 kg 이하일 확률이 90%이므로 74 kg 이상인 사람은 전체의 10%에 해당하는 비만입니다. 비만을 전체의 20%로 설정하면 '67.6……'이라는 값이 나오므로 '68 kg 이상인 사람이 비만'이 됩니다.

엑셀 활용법 2-4 적분 2: 확률입력

❶ [함수 검색]란에 [정규분포]라고 입력한다.

❷ [함수 선택]에서 [NORM.INV]를 선택한다.

❸ [Probability]에 '0.9', [Mean]에 '55', [Standard_dev]에 '15'를 입력한다.

'얼마나 만들 것인가'에 대한 적분적 접근

모든 준비가 끝났으니, 이제부터 '얼마나 만들 것인가' 하는 생산 전략에 대한 미적분적 접근(적분적 접근)으로 들어가 보겠습니다.

다음 사례를 살펴봅시다.

사례

식품업체 A사의 B 공장은 편의점에 납품하는 도시락을 생산한다. B 공장에서는 주력 상품인 X 도시락의 생산량 때문에 고민 중이다. X 도시락은 순조롭게 판매되고 있지만 매장에서의 결품(품절)에 대한 과도한 우려 때문에, 도시락을 지나치게 많이 생산하고 있다. 때문에 재고에 의한 처분 손실(그날 팔리지 않은 도시락은 폐기함)이 이익을 압박하고 있다.

편의점이라는 거대 소매업체와 거래하는 A사에게 '하루 몇 개의 도시락을 만들면 되는가'라는 '적정 생산량 산정'은 가장 큰 전략 테마이다.

사토 씨는 B 공장의 생산기획과 직원으로 이 테마를 담당하게 되었다. 사토 씨는 'X 도시락은 점심 식사를 겨냥해 만들었고 평일에만 한정 판매하니, 최근 두 달간의 평일 판매개수를 조사해 보자'라고 생각했다.

해당 데이터를 엑셀에 입력하여 평균과 표준편차를 구하니 그림 2-19와 같은 표가 나왔다. 표를 본 사토 씨는 '675개가 평균이니까 675개를 생산하면 될까?'라고 생각했다.

그림 2-19

4/1	금	650	5/2	월	552
4/4	월	776	5/6	금	668
4/5	화	670	5/9	월	710
4/6	수	608	5/10	화	668
4/7	목	630	5/11	수	590
4/8	금	690	5/12	목	652
4/11	월	830	5/13	금	756
4/12	화	772	5/16	월	728
4/13	수	708	5/17	화	678
4/14	목	756	5/18	수	616
4/15	금	614	5/19	목	736
4/18	월	776	5/20	금	652
4/19	화	648	5/23	월	576
4/20	수	672	5/24	화	690
4/21	목	716	5/25	수	618
4/22	금	668	5/26	목	620
4/25	월	652	5/27	금	744
4/26	화	636	5/30	월	656
4/27	수	708	평균		675
4/28	목	576	표준편차		63.0

함수 [AVERAGE]로 계산 ←   → 함수 [STDEV.P]로 계산

평균은 675개지만, 그렇다고 675개만 생산하면 그림 2-19에서 알 수 있듯이 상품이 부족한 날이 상당히 많아집니다. 675개는 어디까지나 평균이므로 판매량이 평균을 웃도는 날과 밑도는 날이 있어, 판매량이 많은 날은 결품이 발생합니다. 그렇다고 해서 그림 2-19의 최대 판매량 830개를 생산하면, 엄청난 재고가 발생합니다. 게다가 830개 팔리는 날이 있다면 831개 팔리는 날도 충분히 있을 수 있습니다. 그런 식으로 생각하다 보면 절대 결품이 되지 않는 판매량이란 존재할 수 없습니다.

적분으로 생산량을 정하자

이런 경우에는 적분을 사용하면 됩니다. 먼저 앞에서 했던 대로 히스토그램을 만들어 봅시다. 구간은 '~520, 520~560, …, 840~'의 40개 구간으로 설정합니다. 78쪽의 '엑셀 활용법 2-2'대로 실행하면 그림 2-20과 같은 결과가 나옵니다.

이 히스토그램은 누가 보아도 종형이므로 도시락 생산량은 정규분포로 볼 수 있습니다. 종 모양을 정하려면 평균과 표준편차가 필요한데, 이것은 그림 2-19에서 이미 구한 바 있습니다. 평균은 675, 표준편차는 63이었습니다.

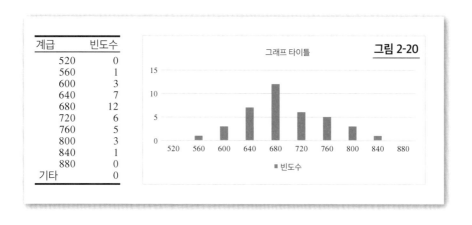

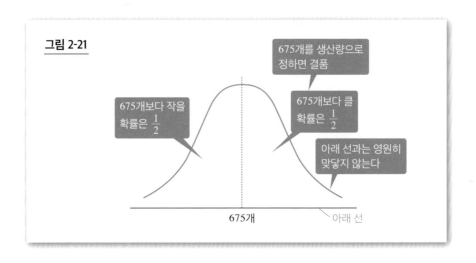

그림 2-21

675개를 생산량으로 정하면 결품

675개보다 작을 확률은 $\frac{1}{2}$

675개보다 클 확률은 $\frac{1}{2}$

아래 선과는 영원히 맞닿지 않는다

675개

아래 선

X 도시락의 일일 평균 판매개수는 675개입니다. 675개를 생산량으로 정하면 결품률(결품이 될 확률)은 50%가 됩니다. 즉, 이틀에 한 번 꼴로 상품이 부족해지는 것입니다(그림 2-21).

결품 발생을 막기 위해서는 종형 곡선과 '아래 선'이 맞닿는 지점을 생산량으로 정해야 합니다. 하지만 안타깝게도 아래 선과 맞닿는 곳은 없습니다. 즉, 결품을 피할 길은 없습니다(앞에서 설명한 바 있습니다).

결품을 아예 막을 수는 없기 때문에 '결품을 어느 정도까지 허용할까'에 대해 고민할 필요가 있습니다. 이것을 확률로 나타낸 것을 허용결품률이라고 합니다. 허용결품률은 상황에 따라 다르지만, 일반적으로 10%, 5%, 1% 등의 딱 떨어지는 숫자로 표시합니다.

'10%의 허용결품률'이란 '10일에 1일 꼴로 결품하는 것은 어쩔 수 없다'라는 뜻입니다. 하지만 '수요'(소비자가 편의점에서 X 도시락을 구입하는 양)처럼 '세상에서 벌어지는 일반적 현상'은, 수학이 구하는 '정확한 정규분포'를 나타내지는 않습니다. 정규분포라고 가정하고 계산하면 대부분의 경우에는 실제 결과보다 '다소 높은' 결품률이 계산됩니다. 결품률을 10%로 설정하면 원래는 10일에 1일

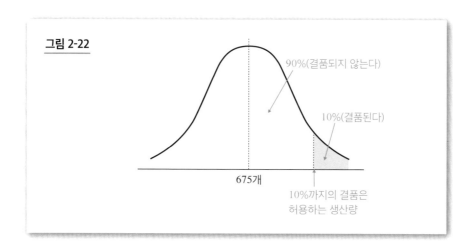

그림 2-22

90%(결품되지 않는다)

10%(결품된다)

675개

10%까지의 결품은
허용하는 생산량

꼴로 결품된다는 의미지만, 현실 세계에서는 그것보다는 약간 적게 일어날 것입니다. 체감상으로는 '그다지 결품되지 않는다'는 정도입니다.

5%(20일에 1일)의 결품률은 '좀처럼 결품되지 않는다' 정도의 체감 수준입니다. 더욱 엄격한 목표인 1%(100일에 1일)로 설정하는 것은 '결품은 허용되지 않는다'는 상황이 요구될 때입니다.

허용결품률을 낮추면 생산량은 늘어납니다. 수요(판매량)는 생산량을 늘려도 변하지 않으므로 늘어난 양만큼 '재고량도 늘어납니다'. 여기서는 허용결품률을 10%로 설정하겠습니다. 그러면 그림 2-22와 같은 결과가 나옵니다. 이것을 엑셀(NORM.INV)로 계산해 보겠습니다. 85쪽의 '엑셀 활용법 2-4'의 방법을 사용하겠습니다. [Probability]에 0.9(1 − 0.1), [Mean]에 675, [Standard_dev]에 63을 입력하면 755라는 값이 나옵니다. 이 755개가 허용결품률 10%의 생산량입니다. 즉, '그다지 결품되지 않는' 생산량입니다.

평균이 675개이므로 생산량은 평균보다 80개 많습니다. 이 80개를 안전재고라 합니다. 하루에 675개밖에 팔리지 않는 도시락을 755개 만들면, 하루 평균 80개의 재고가 발생합니다. 즉, 안전재고분은 팔리지 않고 남은 재고의 평균을 뜻합니다.

허용결품률을 5%로 설정해 봅시다. 이는 '좀처럼 결품되지 않는' 생산량입니다. [Probability]를 0.9에서 0.95로 변경하면 778개라는 답이 나옵니다. 이 경우, 안전재고는 103개가 되므로 하루 평균 103개의 재고가 발생하게 됩니다.

표준편차를 조정해 생산량을 줄이자

요즘 편의점 중에는 납품업자에게 99.9%의 납품률(!)을 목표로 삼으라고 하는 회사도 있다고 합니다. 즉, 0.01%의 허용결품률입니다. 이 수치를 엑셀로 계산해 보면 X 도시락의 생산량은 868개, 안전재고는 193개입니다. 하지만 재고가 하루 평균 193개나 발생하면 폐기 로스 때문에 이익이 전부 사라집니다. 평균 판매개수와 허용결품률은 그대로인 상황에서, 팔리지 않고 남은 상품(안전재고)을 줄일 수 있는 방법은 없을까요?

한편, 정규분포의 형태는 평균과 표준편차에 의해 결정됩니다. 즉, 평균이 같아도 표준편차가 다르면 형태도 달라집니다. 표준편차(흩어짐)가 큰 경우와 작은 경우, 각각의 곡선 모양이 어떻게 달라지는지는 감으로 알 수 있습니다.

그림 2-23의 2개의 정규분포를 살펴보겠습니다. 우측에 비해 좌측의 정규분포가 '숫자가 중심에 모여 있다는 사실'을 알 수 있습니다. 표준편차는 '평균과의 차이'의 평균입니다. 그러므로 좌측이 우측보다 표준편차가 작습니다. 그리고 동일한 평균, 허용결품률이라도 좌측의 생산량이 적다는 사실을 직감으로 알 수 있습니다.

직접 계산해 봅시다. 앞서 나온 X 도시락의 표준편차는 63이었는데, 이 수치를 절반인 31로 줄일 수 있다면 어떻게 달라질까요? 평균 675, 표준편차 31, 허용결품률 10%일 때의 생산량은 716개가 됩니다. 또한 안전재고(팔리지 않고

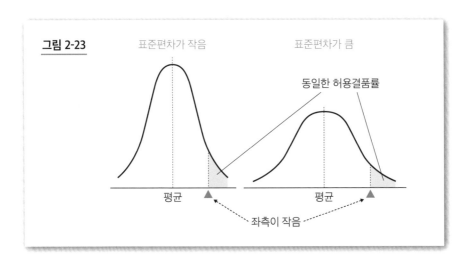

그림 2-23

표준편차가 작음

표준편차가 큼

동일한 허용결품률

평균

평균

좌측이 작음

남은 상품의 평균)는 41개입니다.

표준편차가 63일 때의 안전재고는 80개였습니다. 표준편차가 반이 되면 안전재고 역시 절반으로 줄어듭니다. 즉, 안전재고는 표준편차에 비례합니다. 그러므로 흩어짐을 없애기 위해 노력하면, 허용결품률은 그대로 유지하면서 생산량과 재고를 줄일 수 있습니다.

그러면 표준편차를 줄이기 위해서는 어떻게 해야 할까요? 예를 들어, 요일이나 날씨에 따라 판매량이 달라진다면, 요일 또는 날씨별로 생산량을 바꾸면 흩어짐도 작아집니다. 또한 비슷한 제품인 X 도시락과 Y 도시락의 판매 상황이 같고(=평균이 동일) Y 도시락의 표준편차가 작다면, X 도시락을 Y 도시락으로 바꾸면 재고가 줄어듭니다.

편의점 역시 이러한 시도로 표준편차를 줄임으로써 재고 감소를 실현하고 있습니다(요일 또는 날씨에 따라 바꿈. 항상 팔리는 제품을 점포에 배치함……). 그리고 A사와 같은 납품업자에게 99.9%의 납품률을 요구합니다(그렇다고 합니다).

만약 A사가 표준편차는 그대로 유지하면서(흩어짐을 줄이지 않고) 납품률

99.9%에 대응한다면 안전재고는 앞에서 설명한 대로 193개에 달할 것입니다. 이는 표준편차인 63개의 3배 이상에 달하는 양입니다. 이러한 확률 99.9%의 상태를 흔히 3시그마라고 합니다. 시그마란 표준편차라는 뜻으로, 3시그마는 표준편차의 3배를 의미합니다. 즉, 3시그마를 넘을 확률은 0.01%(1만 번 중 1번)입니다. 그래서 현실적으로 거의 일어날 수 없는 것을 '3시그마를 넘는다'고 합니다.

판매력을 갖춘 편의점과 파트너십을 맺은 A사의 최대 과제는 적정 생산량 실현이며, 어떻게 하면 수요의 표준편차를 줄일 수 있을지가 생산 전략의 핵심입니다.

로그적 접근

'지식 플러스'에서 공부한 '지수'를 역으로 본 것을 로그라고 합니다. 로그는 지수보다도 인공적인 개념이지만 감각적으로 이해하기 쉬운 숫자로서 종종 쓰입니다.

예를 들어 설명하면, 로그는 '2를 □승하면 8이 됩니까?'라는 질문입니다. 이 질문을 $\log_2 8$이라 쓰고(log는 영어 'logarithm'(＝로그)의 줄임말), '2를 밑(베이스를 번역한 표현이지만 그다지 적합하지 않습니다. 앞으로는 '베이스'라고 읽겠습니다)으로 하는 8의 로그'라고 합니다.

$2^3 = 8$이므로 앞의 질문에 대한 답은 '3'입니다. 즉, $\log_2 8 = 3$입니다. 일반화하면 $\log_n a = b$일 때, $a = n^b$입니다.

이것도 엑셀 LOG함수를 이용하면 베이스에 어떤 숫자가 와도 계산할 수 있습니다. 가령 $\log_2 8$이라면 'Number'란에 8, 'Base'란에 2를 입력하면 '3'이라는 답이 나옵니다.

인류가 최초로 사용한 로그는 '베이스를 10으로 한 것'이라고 합니다. 그래서 이를 상용로그라고 부릅니다. 상용로그는 $\log_{10} 10 = 1$, $\log_{10} 100 = 2$, $\log_{10} 1000 = 3$이므로 대상 숫자(10, 100, 1000)를 10배하면 1씩 늘어납니다. 우리가 평소에 사용하는 숫자도 십진법으로, 10배가 되면 1이 상승합니다. 상용로그가 감각적으로 이해하기 쉬운 숫자라고 하는 이유는 아마 이 때문일 겁니다.

상용로그를 사용하면 100만은 '6', 10억은 '9', 1조는 '12'로 표현할 수 있습니다. 한편, $10^{-1} = \dfrac{1}{10}$, $10^{-2} = \dfrac{1}{100}$, ……, $10^{-10} = \dfrac{1}{10^{10}}$이므로 0.1은 '$-1$', 0.01은 '$-2$', 0.0000000001은 '$-10$'으로 표현할 수 있습니다. 이렇게 10을 베이스로 하는 상용로그를 사용하면 매우 큰 숫자와 작은 숫자를 비교하기

나 하나의 그래프로 표현할 수 있습니다.

예를 들어, '종업원 수'로 기업의 랭크를 매겨본다고 합시다. 10명 이하를 '랭크 1(영세기업)', 100명 이하를 '랭크 2(중소기업)', 1,000명 이하를 '랭크 3(중견기업)', 10,000명 이하를 '랭크 4(대기업)', 10,000명 초과를 '랭크 5(초 대기업)'로 나눌 때 로그를 사용하면, 영세기업부터 초 대기업까지 랭크를 나눌 수 있습니다. 100명 단위 혹은 1,000명 단위로 나누는 것보다 훨씬 '좋아' 보입니다.

소리의 크기를 나타내는 데시벨이라는 단위를 들어본 적이 있습니까? '벨'은 10을 베이스로 하는 로그로, '데시'는 그것의 10배를 뜻합니다. 따라서 2벨에서 3벨이 되면 음량은 10배 커집니다. 벨을 10배 한 것이 데시벨이므로 30데시벨은 20데시벨의 10배에 해당하는 음량입니다. 즉, 10배가 되면 10 상승하는 것이 데시벨입니다. 이 로그가 사람이 느끼는 '소음 정도'와 딱 맞기 때문에 데시벨을 사용하게 된 것입니다.

지진(지진의 에너지양)을 표현할 때 쓰는 규모는 32를 베이스로 한 로그를 약간 변형시킨 것입니다. 그래서 규모가 1 상승하면 지진의 에너지는 32배가 됩니다. 베이스에 쓰인 '32'는 다양한 시도 끝에 사람의 감각에 가장 맞는 것을 찾아낸 것입니다.

지수함수와 마찬가지로 로그함수라는 것이 있으며, $y = \log_n x$라고 씁니다. $y = \log_2 x$라면 x가 2배가 되면 y는 1 증가합니다. 예를 들어, '1호점의 장사가 잘 되고 있으니 앞으로 매년 신점포를 두 배씩 오픈하자. 100호점, 500호점, 2000호점 돌파까지는 몇 년이 걸릴까?'라는 문제에 활용할 수 있습니다.

점포수를 x, 소요연수를 y라 하면 $y = \log_2 x$가 됩니다. 즉, 100호점을 돌파하려면 '$\log_2 100$'년이 걸립니다. 이것을 엑셀 LOG 함수로 계산하면 6.6……이 나오므로 답은 7년 후입니다. 500호점은 $\log_2 500 = 8.9$……이므로 9년 후, 2000호점은 $\log_2 2000 = 10.9$……이므로 11년 후가 됩니다.

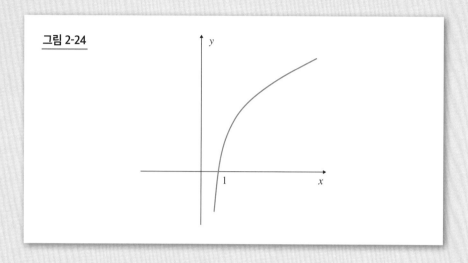

그림 2-24

$y = \log_2 x$를 그래프로 그리면 그림 2-24와 같습니다. 이러한 곡선을 로그곡선이라 합니다.

로그함수는 순수한 수학의 세계에서는 주로 자연로그를 사용합니다. 자연로그는 베이스를 $e(= 2.7\cdots\cdots)$로 하는 로그입니다. 정확한 수학적 표현을 빌리자면 e는 'e^x를 x로 미분해서 e^x가 되는 숫자'입니다. 즉, 미적분에 사용하기 편리한 로그입니다(자연로그가 아니라 인공로그처럼 느껴집니다만). 이를 $\ln$('내추럴 로그'라고 읽습니다)이라고 쓰며, 자세한 내용은 113쪽에서 설명할 예정입니다. 엑셀에서 자연로그는 'LN'이라는 특별 함수(e를 베이스로 할 수 없기 때문에)를 사용해서 계산합니다.

판매의 미래를
예측하자

3장

이번에는 판매 분야에 대해 알아보겠습니다. '판매'의 세계에서 '잘 팔린다, 팔리지 않는다'는 '결과'가 금세 나오기에 어쩔 수 없이 그 '결과'에만 눈이 가기 마련입니다. 때문에 '과거에 대한 반성'만 존재하고 '미래에 대한 예측'에는 소극적인 태도를 보입니다. 근본적인 이유는 '미래에 대한 예측'이 '맞았나, 틀렸나'에 대한 판정이 즉각적으로 이루어지고 대부분의 경우에는 '틀리기' 때문입니다.

'예측 실력'이 부족한 탓도 있겠지만, 미래는 그렇게 쉽게 '맞출 수 있는 것'이 아닙니다. 필자라면 '예측이 틀렸다'라고 탓하는 사람에게 이렇게 대답할 것입니다.

"이번에 빗나갔다고 해서 앞으로는 미래를 예측하지 않을 겁니까?"

"미래를 예측하려는 시도를 하지 않으면, 영영 맞출 수 없습니다."

하지만 이를 반대로 말하면 '판매'라는 세계에서는 지금까지 미래를 내다보려 하지 않았기 때문에 오히려 '미래를 예측할 수 있는 분야가 다양합니다. 또한 2장의 생산 분야보다도 판매 분야가 훨씬 더 '미래 예측 효과'가 크다고 할 수 있습니다.

이제, 판매의 세계에서 미래를 예측하여 주위 사람들보다 한발 앞서가도록 합시다.

자신의 의견을 숫자로 증명하고 싶다면?

판매에 대한 첫 번째 화살은 확률적 접근입니다. 다음 사례를 통해 생각해 봅시다.

사례

야마다 씨는 제과 업체 A사의 영업사원이다. A사에서는 맥주에 어울리는 X라는 스낵을 개발했으나, 판매량은 좀처럼 늘지 않았다.

야마다 씨는 다음과 같이 생각했다. '소비자는 X가 맥주 안주로 좋다는 사실을 모르고 있어. 점포에서 맥주에 X를 끼워 팔면 X는 물론이고 맥주 매출도 반드시 오를 거야. 내가 담당하는 B 슈퍼에서 시험 삼아 판매해 보면 좋을 텐데. B 슈퍼에서 잘 팔리면 다른 점포에도 제안할 수 있을 거야.'

야마다 씨는 B 슈퍼의 C 지점에서 일하는 바이어[*]에게 이를 상담하자, 바이어는 이렇게 답변했다. "저희 매장도 맥주 매출이 오르지 않아 고민하고 있었습니다. 본사[**]로부터 대책을 강구하라는 지시가 내려와서, 해결책이 필요하던 참이기도 했고요. 하지만 대책이 너무 많아서 오히려 어떻게 하면 좋을지 난감했습니다. 세트 상품을 판매하려고 해도, 무슨 상품을 세트로 묶어야 할지 선택하기가 힘들거든요. 하지만 제가 X와 맥주를 같이 먹어보니, 잘 어울리는 조합이라는 생각이 들었습니다. 일단 본사의 허가를 받아서 시험적으로 판매해 볼까요?"

야마다 씨는 B 슈퍼의 C 지점에서 맥주와 X의 세트 상품을 시험 판매하게 되었다. 4주 동안 세트 상품을 판매해서, 이전 4주 동안 350 ml 캔맥주를 따로 판매했을 때의 매출과 얼마나 차이가 나는지 확인해 보기로 한 것이다.

4주 후, 맥주의 일일 판매량은 그림 3-1과 같았다.

야마다 씨는 이렇게 생각했다. '이전 4주 동안에는 하루 평균 95.4개가 팔렸고, 세트 판매 기간 중에는 98.9개가 팔렸어. 수치가 3.7% 증가했으니 세트 판매가 어느 정도 효과는 있었네. 우리 회사는 X가 잘 팔려서 기쁘지만 B 슈퍼 입장에서는 굳이 X로 세트 상품을 구성할 필요는

- [*]   상품의 구매담당자.
- [**] 각 체인 점포를 총괄적으로 관리하는 부문.

그림 3-1

	별도 판매	X와 세트 판매		별도 판매	X와 세트 판매
	이전 4주간	이번 4주간		이전 4주간	이번 4주간
1일째	95	103	16일째	88	95
2일째	96	101	17일째	88	96
3일째	97	100	18일째	89	97
4일째	97	98	19일째	90	97
5일째	98	97	20일째	91	98
6일째	99	95	21일째	91	99
7일째	100	94	22일째	98	100
8일째	98	94	23일째	97	101
9일째	99	95	24일째	95	103
10일째	100	96	25일째	94	104
11일째	101	97	26일째	92	106
12일째	103	97	27일째	91	107
13일째	103	98	28일째	89	109
14일째	104	99	평균	95.4	98.9
15일째	87	94			

없겠지. 겨우 3.7% 증가한 수치로 B 슈퍼를 설득할 수 있을지 불안하군.'

야마다 씨의 불길한 예감은 적중했다. B 슈퍼의 바이어는 다음과 같은 반응을 보였다.

"저희는 맥주 매출이 '늘어났다'는 사실을 조금이라도 증명할 수 있다면 전 점포로 확대 실시하고 싶은 마음입니다. 하지만 본사에 결과를 보고했더니 '고작 3.7% 상승했다면 그저 우연인 것 아닌가?'라고 하더군요. 하긴 세트 판매를 하지 않아도 104개 팔린 날이 있었고, X와 세트로 판매해도 94개 팔린 날도 있었습니다. 절대적으로 '효과가 있었다'고 보기는 힘들지 않을까요?"

야마다 씨는 마음속으로 생각했다. '정말 우연이었을까? 하지만 그런 식으로 말하면 시험 판매를 한 의미가 없어. 물론 아무리 X를 끼워 판다고 해서 맥주 매출이 급격하게 오르지는 않겠지. 어떻게든 '우연'이 아니라 실제로 '효과가 있다'고 설득해야 해.'

이런 식으로 '자신의 의견'에 대한 정당성을 숫자를 이용해서 상대에게 증명해야 할 경우가 종종 있습니다. 게다가 이번 사례처럼 상대가 고객이거나 상사인 경우에는 '절대로 반박할 수 없는 근거'를 들어 설득할 필요가 있습니다. 그럴 때 활용할 수 있는 것이 검정이라는 확률적 접근입니다.

검정은 역으로 공격하는 것

먼저 '검정'의 기본적인 절차를 설명하겠습니다.

'A'라는 가설이 '옳다(이것이 상대에게 설득하고자 하는 내용)'는 것을 증명하고자 합니다. 이때 'A는 틀리다'라는 가설(이것을 귀무가설이라고 합니다)을 세우고, 그것이 일어날 확률을 계산합니다. 확률이 '매우 낮은 경우'에는 "그렇게 '좀처럼 발생하지 않는 일이 발생한다'고 생각하는 것은 부자연스럽다. 그러므로 'A는 틀리다'라는 생각은 맞지 않다. 즉, 'A는 옳다'고 생각하는 것이 일반적이다. 따라서 결론은 'A가 옳다'가 된다"는 것입니다.

설명이 장황해졌지만 'A가 옳다'는 사실을 증명하고 싶을 때, 직접적으로 증명하지 않고 'A가 틀리다'는 생각이 잘못되었으므로 'A는 옳다'고 증명하는 방식입니다. 이를 수학에서는 귀류법이라고 부릅니다.

여기서 먼저 정해야 할 것은 '좀처럼 발생하지 않는 매우 작은 확률'을 어느 정도로 볼 것인가 하는 것입니다. 수학의 세계에서는 5%나 1% 등 '딱 떨어지는 숫자'가 쓰입니다(88쪽의 허용결품률에서도 마찬가지였습니다). 이 숫자를 기각률이라고 합니다. 5%라면 89쪽에서도 말했듯이 현실적으로 '좀처럼 일어나지 않는다', 그리고 1%는 '거의 일어나지 않는다' 정도의 '체감 수준'입니다. 판매 등 일반적인 비즈니스 분야에서는 보통 5%로 봅니다. 더욱 엄격한 판단이 요구되는 품질 분야에서는 1%나 0.1% 등을 사용하기도 합니다.

검정이라는 필살기로 상대를 설득하자

그러면 검정을 해 보겠습니다. 먼저 설득하고자 하는 가설은 X를 맥주와 세트로 판매하면 '효과가 있다'는 것입니다. 따라서 귀무가설(부정해서 버릴 것이므로 이런 이름이 붙었다고 합니다)은 '효과가 없다'입니다.

'효과가 없다'는 것은 이전 4주간과 이번 4주간 모두 '소비자의 구입 패턴에 변화가 없다'는 뜻입니다. 즉, '이전 4주간의 맥주 매출'과 '이번 4주간의 맥주 매출'이 '동일한 모집단'(19쪽의 그림을 참고해 주세요)이라는 의미입니다. 이제 동일한 모집단에서 '이전 4주간'의 샘플 28개, '이번 4주간'의 샘플 28개를 채택하여 '각각의 평균이 95.4, 98.2가 될 확률이 얼마나 되는가'를 계산하면 됩니다. 기각률은 5%로 하겠습니다.

그러면 확률을 계산해 봅시다. '어떻게 하면 될까'에 대한 답은 이미 선대 수학자들이 구한 바 있습니다. '평균에 차이가 있는가'에 대한 사례는 매우 많기에 이 경우에는 t검정이라는 방법이 최적임이 이미 증명되었습니다. 확률 계산법 중 하나라고 생각하면 됩니다. 이 확률 역시 엑셀로 계산할 수 있습니다.

엑셀 활용법 3-1과 같이 계산하면 엑셀에서 그림 3-2와 같은 표가 생성됩니다. 구하고자 하는 확률은 'P(T < = t) 양측 검정'란에 쓰인 숫자인 '0.004977'로, 약 0.5%입니다. 앞서 기각률은 5%로 정한 바 있습니다. 0.5%는 이보다 작기 때문에 귀무가설은 '좀처럼 일어나지 않는다'(1% 이하이므로 '거의 일어

엑셀 활용법 3-1 **t검정**

❶ 그림 3-1의 이전 4주간 및 이번 4주간의 28개 데이터를 엑셀에 입력한다.

❷ [데이터] → [데이터 분석]의 [분석 도구]에서 [t-검정: 등분산 가정 두 집단]을
선택한다.

❸ [변수 1 입력 범위]에 '이전 4주간'의 28개 데이터를, [변수 2 입력 범위]에 '이번
4주간'의 28개 데이터를 지정하고 [확인]을 클릭한다.

그림 3-2 t-검정: 등분산 가정 두 집단

	이전 4주간	이번 4주간
평균	95.3571429	98.9285714
분산	25.2010582	16.4391534
관측수	28	28
공동(Pooled) 분산	20.8201058	
가설 평균차	0	
자유도	54	
t 통계량	−2.9286301	
P(T<=t) 단측 검정	0.0024885	
t 기각치 단측 검정	1.67356491	
P(T<=t) 양측 검정	0.004977	← 이것이 구하고자 하는
t 기각치 양측 검정	2.00487929	확률

나지 않는다'고 할 수도 있습니다)고 볼 수 있습니다. 따라서 '그것이 일어날 것
이라는 생각은 틀리다'라고 판단할 수 있습니다. 즉, 원래 가설이었던 '효과가 있
다' = '350 ml 캔맥주에 X를 끼워 팔면 맥주 매출이 오른다'가 이번 검정의 결론입
니다.

이렇게 '평균과 명백한 차이가 있는 것'을 '평균과 유의차가 있다'고 합니다. 그
럴듯해 보이는 표현이니 일터에서도 한번 써 보시기 바랍니다.

야마다 씨는 B 슈퍼 본사에서 다음과 같은 발표를 했습니다.

"얼마 전에 C 지점에서 '350 ml 캔맥주에 X를 끼워 팔면 매출이 상승할 것인 가'를 알아보기 위해 시험 판매를 실시했고, 그 결과는 나눠 드린 엑셀 표에 나와 있습니다. 세트로 판매하기 전 4주간의 일일 판매량, 그리고 X와 세트 판매를 실시한 4주간의 일일 판매량에 대해 t검정에 따른 유의차의 유무 여부를 분석했습니다. 그 결과, 두 기간의 일일 판매량에 유의차가 있음이 밝혀졌습니다. 자세하게 말씀드리면 설정 기각률 5%에 대한 실현 확률은 0.5%입니다. 즉, 시험 판매기간 중의 매출이 '명백히' 늘어났습니다. 따라서 '맥주에 X를 끼워 팔면 매출이 늘어난다'고 판단하는 것이 타당하다고 생각합니다."

실험은 언제 멈춰야 할까?

검정은 결코 쉽지 않은 개념이지만 매우 '설득력 있는 것'으로, 그 누구도 반론을 제기할 수 없습니다. 아니, 상기 사례와 같은 경우에서 의견이 다른 사람(효과가 있다 VS 우연일 뿐이다)이 서로 합의하기 위해서 인류가 고안해낸 방법은 오직 이것뿐입니다. '상대가 과연 납득할까'를 고민하지 말고 일단 이 방법을 써 봅시다.

'검정'에는 다양한 방법이 있는데 또 하나의 편리한 방법을 소개하겠습니다. 앞서 등장한 제과 회사 A사에서 다음과 같은 사례가 있다고 가정해 봅시다.

사례

A사의 판매촉진부에서는 주력상품인 Y의 패키지 색깔 변경 여부에 대해서 고민 중이다. 지금의 밋밋한 초록색 패키지에서, 진열대에서도 눈에 확 띄는 빨간색으로 바꾸고자 한다. 하지만 효과가 없다면 패키지 변경 비용만 낭비하는 꼴이 된다. A사는 결국 D 슈퍼에서 하루만 시험 판매를 하기로 했다. Y의 초록색 패키지 버전과 Y의 빨간색 패키지 버전을 나란히

그림 3-3	초록색 패키지를 구입한 사람	빨간색 패키지를 구입한 사람
	19명	31명

진열하여 소비자가 어느 제품을 선택하는지 조사했다. 그 결과, Y를 구입한 소비자는 총 50명으로 상세 내역은 그림 3-3과 같았다.

이 결과를 토대로 '빨간색 패키지가 매출 신장에 도움이 된다'라고 보고 '패키지 변경'을 제안하면 과연 경영자가 납득하고 패키지 변경에 비용을 지출할까요? 어쩌면 '우연이었을 뿐'이라고 하지는 않을까요?

99쪽의 그림 3-1에 나오는 숫자를 계수치라고 합니다. 계수치란 해당 수치를 측정하는 것입니다. 한편, 그림 3-3처럼 횟수(몇 번 발생했는가)를 측정하는 것을 계량치라고 합니다.

계량치 검정에는 카이제곱(x^2라고 씁니다) 검정이라는 방법을 사용합니다. 이름만 들으면 어려울 것 같지만 실제로는 그렇지 않습니다.

앞서 설명한 t검정과 똑같이 생각하면 됩니다. 즉, 초록색을 빨간색으로 바꾸면 '효과가 있다'는 가설을 세운다면 '효과가 없다'는 귀무가설이 됩니다. '효과가 없다'는 뜻은 소비자가 '초록색이나 빨간색이나 똑같다'고 생각한다는 것으로, '어느 쪽을 살 것인가'에 대한 확률은 둘 다 $\frac{1}{2}$입니다. 따라서 50명 중에 빨간색을 사는 사람의 기댓값은 25명, 초록색을 사는 사람의 기댓값도 25명입니다.

이때, 초록색을 사는 사람이 19명이고, 빨간색을 사는 사람이 31명(두 숫자를 실측값이라고 합니다)이 될 확률을 구하면 됩니다. 기각률은 5%로 정하겠습니다. 여기서 필요한 방법이 카이제곱 검정으로, 이 역시 엑셀로 계산할 수 있습

엑셀 활용법 3-2 카이제곱 검정

❶ 실측값 '19, 31', 기댓값 '25, 25'를 엑셀에 입력한다.

❷ [함수 검색]에서 '카이제곱'을 입력하고 [CHITEST]를 선택한다.

❸ [Actual-range]에 '19, 31'을, [Expected-range]에 '25, 25'를 입력하고 [확인] 을 클릭한다.

니다.

엑셀 활용법 3-2와 같은 방법으로 계산하면 확률은 0.089……로 나옵니다. 즉, 9%입니다. 이는 5%보다 크므로 귀무가설을 부정할 수 없습니다. 따라서 '빨 간색이나 초록색이나 똑같다'는 의견을 '틀리다'고 할 수 없습니다.

다만 여기서 조심해야 할 점은 '효과가 없다'는 의견을 부정할 수는 없지만(당 연히 '효과가 있다'는 의견도 부정할 수 없습니다), 그렇다고 해서 '효과가 있다'는 결론을 낼 수도 없다는 것입니다. 이러한 확률이 9%나 되기 때문에 '효과가 없 다 하더라도 이러한 결과가 나올 수 있다'는 말입니다.

따라서 이 데이터(19명과 31명)로 알 수 있는 사실은 빨간색 패키지로 바꾸 면 반드시 '효과가 있다'고 할 수는 없다는 것입니다. 이렇게 되면 결론을 낼 수 없으 므로 D 슈퍼에 부탁해서 시험 판매를 하루 더 실시하기로 했습니다. 이틀 동안 의 데이터를 합치니 그림 3-4와 같은 결과가 나왔습니다. 초록색 패키지를 구입 한 사람과 빨간색 패키지를 구입한 소비자의 비율은 첫 번째 시험 판매 때와 거 의 일치했습니다.

위 데이터를 가지고 동일하게 카이제곱 검정을 실시해 보니(총 98명이므로 기댓값은 '49, 49'입니다) 확률은 0.015……, 즉 1.5%로 기각률 5%보다 작은 값이 나왔습니다. 따라서 귀무가설은 버려지고 '효과가 있다'는 의견이 채택됩니

그림 3-4	초록색 패키지를 구입한 사람	빨간색 패키지를 구입한 사람
	37명	61명

다. 즉, '패키지를 빨간색으로 바꾸면 매출이 늘어난다'는 결론에 이릅니다.

카이제곱 검정에서는 샘플 수가 결정적 요인으로 작용하는 경우가 많습니다. 하지만 그렇다고 해서 무작정 실험만 하다가는 시간과 비용 부담이 점점 커집니다. 검정이라는 확률적 접근을 활용하면 '어느 단계에서 실험을 그만두어야 할지'도 정확히 알 수 있습니다.

적합한 판매 목표를 세우자

이번에는 두 번째 화살인 통계적 접근을 판매 분야에 적용해 보겠습니다. 다음 사례를 살펴봅시다.

사례

A사는 다양한 자동차 부품을 판매하는 기업이다. A사는 독일에서 개발된 '카 내비게이션 기능, 음악 다운로드 기능, 연비 카운트 기능 등 여러 서비스를 제공하는' 새로운 타입의 스마트폰 X의 독점 판매 계약을 체결하고, 이를 자동차용품점, 주유소, 휴대폰 대리점 등에서 판매하고 있다.

출시한 지 2년이 지났고, 판매도 순조롭게 이루어지고 있어서 A사는 대형 자동차용품점과의 밸류체인* 계약 체결을 고려하고 있다. 구체적으로는 대형 자동차용품점과 판매 목표 대수를

---

* 밸류체인이란 생산업체, 유통업자 등이 연계하여 고객에게 제공되는 가치를 향상시키고자 하는 것.

106

그림 3-5

개월	판매 대수	개월	판매 대수	개월	판매 대수
1	420	9	1,792	17	1,989
2	640	10	1,768	18	2,008
3	880	11	1,825	19	2,040
4	960	12	1,890	20	2,120
5	1,024	13	1,925	21	2,145
6	1,168	14	1,903	22	2,220
7	1,420	15	1,968	23	2,234
8	1,580	16	1,889	24	2,265
평균					1,670

월단위로 설정하고, 이를 달성하면 A사가 자동차용품점에 인센티브(보상금)를 지불하는 방식이다.

A사의 판매기획부 소속인 다카하시 씨는 인센티브 시스템의 담당자가 되었다. 다카하시 씨는 다음과 같이 생각했다. '인센티브 금액보다는 목표 판매 대수에 대해 합의하는 것이 중요한데, 어떤 방법이 좋을까? 자동차용품점은 판매 대수를 한 대라도 더 낮추려 할 테고, 우리 회사는 한 대라도 더 팔려고 할 것이 뻔한데, 과연 합의점을 도출할 수 있을까?'

다카하시 씨는 X의 최대 판매량을 기록하고 있는 Y점과의 계약 건부터 착수하기로 했다. X 출시 이후 Y점의 2년간 월별 판매 대수를 조사하니 그림 3-5와 같았다.

다카하시 씨는 고민에 빠졌다. '24개월 동안의 평균 판매 대수가 1,670대로군. 23개월째의 2,234대와 24개월째의 2,265대에 비하면 상당히 낮은 수치인 걸. 평균값인 1,670대를 목표로 삼을 수는 없겠어. 하긴 X의 매출이 계속 상승세인 것을 생각하면 당연한 결과일지도 모르겠군. 그런데 평균 이외의 어떤 방법으로 목표를 설정하면 될까?'

직선으로 내일을 예측하자

41쪽에서 배운 회귀분석을 기억하는 여러분이라면 이미 해답에 이르는 길을 찾았을 겁니다. 바로 설명변수가 '개월'이고 피설명변수가 '판매 대수'인 회귀분석입니다. 이렇게 설명변수에 '월'이나 '년' 등의 '시간'을 이용하는 것을 시계열분석이라고 합니다.

먼저 42쪽처럼 산포도를 그리면(그림 3-6) 우상향하는 직선이 보입니다(그

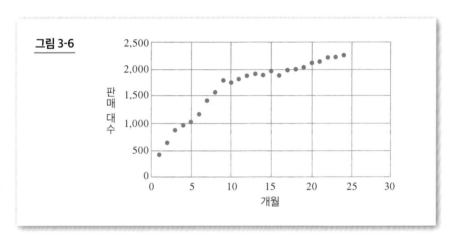

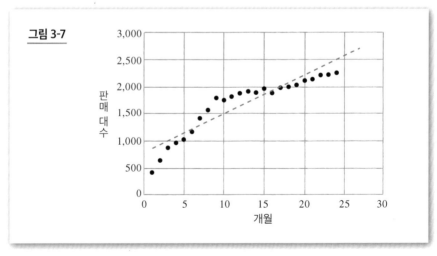

림 3-7). 여기까지 왔다면 나머지는 엑셀로 선을 그려서 식을 만들기만 하면 됩니다. 다만 이번 사례에서는 선을 우측까지(미래까지) 그려야 하므로 방법이 약간 다릅니다.

엑셀 활용법 3-3과 같이 하면 그림 3-8과 같은 직선이 나타납니다. 앞서 계산했던 것처럼 '$y = 70.168x + 792.61$'이라는 수식을 사용하면 됩니다. 자잘한

 엑셀 활용법 3-3 시계열분석

❶ 산포도의 한 점에 커서를 두고 우클릭을 한다.

❷ 메뉴에서 [추세선 추가]를 선택한다.

❸ [추세선 옵션]에서 [선형]을 선택한다.

❹ [예측] 중 [앞으로]의 [구간]에 '3'을 입력한다('몇 개월분의 직선을 추가로 그릴 것인가'를 뜻하는 것으로, '3 구간'은 '3개월' 후까지의 직선을 그리는 것을 의미함).

❺ [수식을 차트에 표시]에 체크한다.

그림 3-8

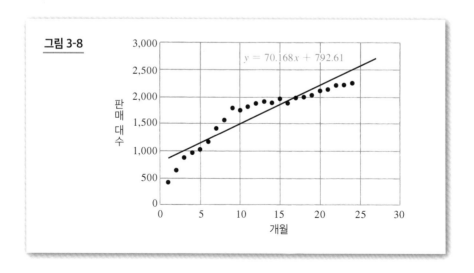

숫자까지 쓸 필요는 없으니 다음과 같은 식을 채용하겠습니다.

25개월째의 목표 판매 대수 = 70 × 개월 + 790

이 식을 통해 예측해 보면 25개월째가 되면 70 × 25 + 790 = 2,540대가 될 것입니다. 즉, 2,540대라는 25개월째의 목표가 판매점과 합의하기에 타당한 수치라는 뜻입니다.

26개월 이후 역시 전달까지의 판매 대수를 가지고 회귀분석을 실시하면 답을 얻을 수 있습니다.

곡선으로 내일을 예측하자

A사는 위 방법을 사용하여 자동차용품점과 판매 목표를 설정하였습니다. 하지만 1년 후, 자동차용품점 측은 '목표가 너무 높아서 달성하기가 어렵다'는 불만을 제기했습니다.

그 이유는 무엇일까요? 25~36개월까지의 판매 대수 실적은 그림 3-9와 같습니다. 그림 3-5의 24개월분의 데이터에 그림 3-9의 12개월분의 데이터를 추가하여, 총 36개월분의 데이터로 산포도를 그려 동일하게 선을 그려 보았습니다(그림

그림 3-9

개월	판매 대수	개월	판매 대수	개월	판매 대수
25	2,264	29	2,268	33	2,335
26	2,195	30	2,310	34	2,390
27	2,278	31	2,295	35	2,315
28	2,315	32	2,328	36	2,405

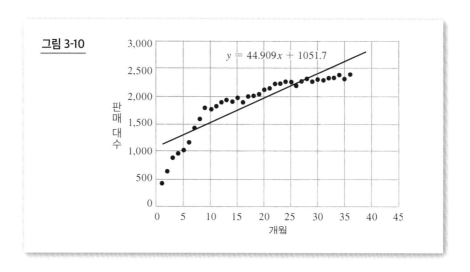

그림 3-10

$$y = 44.909x + 1051.7$$

판매 대수

개월

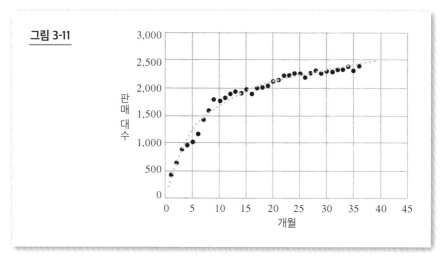

그림 3-11

판매 대수

개월

3-10).

　확실히 직선의 기울기가 크고 최근에는 점이 직선 밑으로 치우치는 경향이 있습니다(＝목표를 달성하지 못했으므로 인센티브는 미지급).

　이미지를 떠올린 후에 직접 산포도에 선을 그리면, 그림 3-11과 같은 결과가 되어야 합니다.

직선이 아니라 위와 같은 곡선이 더 적합해 보입니다. 회귀분석은 직선만 있는 것이 아니라, 곡선으로 할 수도 있습니다. 하지만 그러기 위해서는 '어떤 선이 될 것인지' 사람이 먼저 생각한 후에 엑셀에 알려줘야 합니다(82쪽의 정규분포의 종형 곡선과 같습니다).

다시 한 번 산포도의 한 점을 우클릭해 보면, [추세선 옵션] 메뉴가 나옵니다. 이 메뉴에는 직선뿐만 아니라 곡선 패턴도 몇 가지 있습니다. 지수(59쪽의 지수곡선), 로그(95쪽의 로그곡선) 등입니다. 이 중에서 직접 그린 곡선과 비슷한 것을

 엑셀 활용법 3-4 로그

❶ 산포도의 한 점을 우클릭한다.
❷ [추세선 추가]를 선택한다.
❸ [추세선 옵션]에서 [로그]를 선택한다.
❹ [예측] 중 [앞으로]를 '3' 구간으로 설정한다.
❺ [수식을 차트에 표시]에 체크한다.

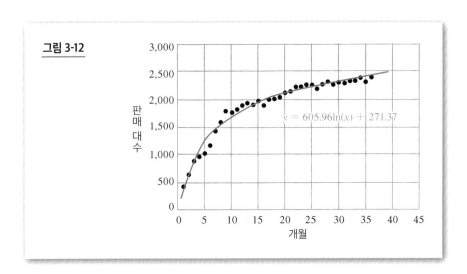

그림 3-12

$$y = 605.96\ln(x) + 271.37$$

(판매 대수 / 개월)

찾아봅시다. 이 경우에는 로그가 적합해 보입니다.

그러면 엑셀 활용법 3-4와 같이 계산해 봅시다. 점과 선 사이의 거리를 보면 '바로 이거다' 싶은 생각이 들 것입니다(그림 3-12).

이 난해한 수식 '$y = 605.96\ln(x) + 271.37$'을 사용해서 37개월째의 수치를 목푯값으로 잡으면 됩니다. 식에 나오는 'ln'이란 95쪽에서 설명한 자연로그를 말합니다. 엑셀에서는 LN이라는 함수로 계산할 수 있습니다.

예측식은 다음과 같습니다.

$$목표\ 판매\ 대수 = 610 \times \ln(월) + 220$$

37개월째는 엑셀로 LN(37)을 계산하면(LN을 선택한 후 Number란에 '37'을 입력) '3.6'이 나오므로 610 × 3.6 + 220 = 2,416대가 됩니다. 그림 3-9에 기재된 25개월부터 36개월째까지의 데이터는 이 식에 의한 것으로, 37개월째의 예측값은 2,440대입니다. '적절한' 목표 같지 않습니까?

예산은 할당량이 아닌 미래에 대한 예측이다

판매 분야에 적용할 세 번째 화살은 미적분적 접근입니다.

판매 업무에서 가장 중요한 숫자는 예산입니다. '예산'이란 '미리 계산한다'는 뜻입니다. 따라서 예산은 할당량이 아닌 '미래에 대한 예측'입니다. 예산을 상사가 지시하는 할당량이라고 생각하면 판매를 담당하는 영업사원을 '괴롭히는 숫자'가 되어 버립니다. 그러나 예산을 예측이라고 생각하면 마음이 한결 편안해집니다. 영업사원 입장에서는 예측의 근거(어떻게 예측할 것인가)를 상사와 논의하면 됩니다.

판매에서의 '예산'은 모든 '업무 관련 숫자'의 원점이라고 할 수 있습니다. 예를 들어, 한 건설회사에서 연간 10억 엔의 공사 수주를 유치할 것으로 예상하고 판매 예산을 10억 엔으로 설정했다고 가정해 봅시다. 회사는 당연히 10억 엔만큼의 공사를 할 '인부'를 준비해야 합니다. 그런데 10억 엔의 예산을 세웠지만 실제로 공사 수주를 8억 엔밖에 하지 못하게 되면, 2억 엔만큼의 인부가 남습니다. 이렇게 되면 인건비는 적자가 됩니다. 반대로 12억 엔의 수주를 유치하면 2억 엔만큼의 인부가 부족해져 밤마다 야근하는 사태가 벌어집니다. 결국 비용 상승뿐만 아니라 과중 노동을 강요하는 악질 기업이라는 말까지 듣게 될 것입니다.

'판매 예산 결정' = '판매 관련 숫자의 미래 예측'이라는 사실은 어떤 기업이든지 간에 모든 업무의 출발점에 해당합니다.

한계이익은 이익에 대한 미분

예산을 이해하려면 먼저 한계이익이라는 개념을 이해해야 합니다. 여기서 '한계'는 'marginal'을 번역한 것으로 'limit'와는 다른 뜻입니다. marginal은 본래 '가장자리의' 또는 '주변의'라는 뜻으로, 여기서 변형되어 '이 이상 작아질 수 없다'는 뜻으로 쓰입니다.

한계는 경제학에서 최초로 사용된 용어로, 점차 비즈니스 세계로도 확대되어 이제는 널리 쓰이고 있습니다. 한계란 '어떠한 것이 1단위 늘어날 때 변하는 양'을 말합니다. 그러므로 한계이익●이란 '어떠한 것이 1단위 늘어날 때 증가하는 이익'입니다. 어디선가 들어본 적이 있는 표현일 겁니다. 네, 바로 23쪽에서 등장한

● 한계이익은 원래 비즈니스 용어이나 언제부터인가 수학(경제학)을 모르는 사람들이 멋대로 의미를 바꿔서 사용하기 시작했습니다. 회계 교과서에 쓰여 있는 '한계이익 = 매출 − 변동비'는 무시하기 바랍니다. 만약 그것이 옳다고 주장하는 사람이 있다면 이 책을 보여 주십시오. 아무런 반박도 못할 것입니다.

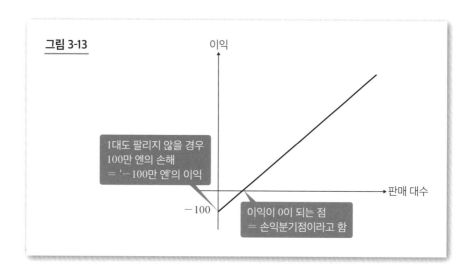

그림 3-13

이익

1대도 팔리지 않을 경우
100만 엔의 손해
= '−100만 엔'의 이익

−100

이익이 0이 되는 점
= 손익분기점이라고 함

판매 대수

'이동량'이자 미분의 원점입니다. 즉, 한계이익이란 '이익을 미분하는 것'입니다. 한계라는 개념은 18세기 경제학에 등장한 이후로 경제학을 수학의 영역으로 끌어당겼습니다. 이를 한계혁명이라 부릅니다. 독자 여러분도 한계이익을 이용해서 예산에 혁명을 일으키기를 바랍니다. 먼저 간단한 예부터 살펴봅시다.

A사에서는 X라는 기계를 대당 8만 엔에 구입하여 10만 엔으로 판매합니다. 이때 연간 경비는 1대도 안 팔리더라도 100만 엔이 듭니다. 판매 대수에 따라 이익이 어떻게 변하는지를 그래프로 표시해 보았습니다(그림 3-13).

이 그래프에서 판매 대수가 200대인 구간을 확대해 봅시다(그림 3-14). 200대가 팔렸을 때, 추가적으로 1대가 더 팔리면 이익은 얼마나 늘어납니까? 매출은 10만 엔 상승하고, 비용은 8만 엔이 늘어나므로 이익은 2만 엔 증가합니다. 바로 이 2만 엔이 '한계이익 = 1대 늘어날 때 증가하는 이익'입니다.

그림 3-14의 보라색 부분(한계이익을 나타냄)은 삼각형 모양입니다. 그리스 문자의 델타(Δ)가 삼각형이므로 이 부분을 델타라고 부릅니다. $\dfrac{dy}{dx}$ 라는 신기한 문자를 본 적이 있습니까? 이 문자는 'y를 x로 미분한다'는 의미입니다. 그러면

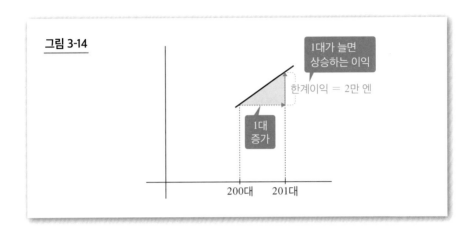

그림 3-14

1대가 늘면
상승하는 이익

한계이익 = 2만 엔

1대
증가

200대   201대

*d*는 무슨 뜻일까요? 맞습니다, '델타(delta)'의 *d*입니다. 한계는 미분(델타) 그 자체입니다.

이익을 판매 대수로 변환하자

이제부터 드디어 예산에 대한 미적분적 접근이 시작됩니다.

A사에서는 X 기계로 연간 200만 엔의 '목표 이익'을 내고자 합니다. 판매에 필요한 경비예산은 100만 엔으로 예상하고 있습니다. X의 목표 판매 대수(＝예산)는 몇 대로 정하면 좋을까요?

먼저 X를 판매함으로써 100만 엔의 경비예산을 회수해야 합니다. 1대를 판매할 때마다 2만 엔의 이익이 발생하므로 '100만 엔 ÷ 2만 엔 ＝ 50대'를 판매해야 합니다(이것이 그림 3-13의 손익분기점). 또한 판매 대수를 늘려서 200만 엔의 이익을 달성하는 것이 목표이므로 200만 엔 ÷ 2만 엔 ＝ 100대가 필요합니다. 즉, 150대를 판매하면 200만 엔의 이익을 달성하게 되므로, 목표 판매 대수는 150대입니다.

현장에서 판매 목표(= 예산)를 세울 때, 200만 엔의 이익이라는 목표를 설정할 수는 없습니다. 몇 대나 팔면 목표를 달성하는지 감이 오지 않기 때문입니다. 하지만 150대를 예산으로 설정하면 목표가 명확하게 시각화됩니다. 만약 75대 판매하면 예산 달성률이 50%이므로 '나머지 절반'만, 그리고 120대 판매하면 $120 \div 150 = 0.8$, 즉 80% 달성했으니 나머지 20%만 채우면 목표를 달성하게 됩니다. 이를 일반화하면 다음과 같은 '예산식'이 나옵니다.

(목표 이익 + 경비예산) ÷ 한계이익 = 목표 판매 대수

이익을 매출로 변환하자

하지만 오직 한 종류의 기계만 판매하는 회사는 거의 없습니다. 가격이 다른 다양한 기계를 판매하는 회사에서는 목표 예산을 세울 때 판매 대수로 나타낼 수 없습니다. 그런 경우에는 어떻게 해야 될까요?

한계의 정의에 등장하는 '1단위 늘어날 때'의 '단위'를 '엔'으로 바꾸면 해결됩니다. 즉, '1엔 판매했을 때 몇 엔의 이익이 발생하는가'입니다. 이것을 한계이익률이라고 합니다. A사에서는 X를 10만 엔 팔면 2만 엔의 이익이 발생하므로, X의 한계이익률은 2만 엔 ÷ 10만 엔 = 0.2입니다. 즉, 1엔어치를 판매하면 0.2엔의 이익이 발생합니다.

이 한계이익률을 판매 중인 모든 기계에 통일해 봅시다. Y라는 기계를 16만 엔에 사 온다면 판매가격은 20만 엔으로 정합니다. Y는 1대 판매할 때마다 4만 엔의 이익이 발생하므로 한계이익률은 4만 엔 ÷ 20만 엔 = 0.2입니다. 결국 Y는 X와 동일하게 1엔 판매할 때마다 0.2엔의 이익이 발생합니다.

A사의 전사 경비예산이 5,000만 엔이고 목표 이익이 2,000만 엔이라면 다

음 식으로 목표 매출을 계산할 수 있습니다(앞의 X 사례와 동일하니 스스로 생각해 보십시오. 5,000만 엔을 0.2엔씩 판매하여 회수하고, 추가로 2,000만 엔의 이익을 내기 위해서는……).

$$(2,000만 엔 + 5,000만 엔) \div 0.2 = 3억\ 5,000만 엔$$

위 계산을 통해 3억 5,000만 엔이라는 회사 목표 매출이 정해집니다. 이는 다음과 같이 일반화할 수 있습니다.

(목표 이익 + 경비 예산) ÷ 한계이익률 = 목표 매출

예산은 상의하달식과 하의상달식의 적절한 조합

하지만 이 목표를 그대로 영업사원에게 배정해 주면 이 역시 상부가 지시하는 업무 할당량이 되어 버립니다. 예산의 세계에서는 이러한 상의하달식과 더불어, 하의상달식으로도 접근해야 합니다. 구체적으로 설명하면, 각 영업사원에게 자신의 다음 분기 매출을 예측하라고 지시합니다. 이때 필요한 것이 통계적 접근입니다. 106쪽에서 이미 했듯이, 과거의 데이터를 회귀분석하여 다음 분기 매출을 예측하거나, 앞으로 등장할 138쪽의 내용처럼 자신의 담당 지역의 파이를 고려해서 예측하는 등 통계적 접근을 꾀하는 것입니다. 각 영업사원의 예측 매출을 모두 합한 후에는 목표 매출 3억 5,000만 엔과 비교합니다. 이렇게 하면 일반적으로 '예측 매출 < 목표 매출'이 되는 경우가 많습니다(반대라면 예측 매출을 목표 매출로 설정합니다).

이런 경우에는 양쪽이 같아지도록 '판매 방법'을 바꿔봅니다. 예를 들어, '판매 가격 인하'를 시도해 볼 수도 있습니다. 판매 가격을 인하하면, 예측 판매 대수는

늘어나고 예측 매출도 증가합니다. 다만 한계이익률이 작아지므로 목표 매출 역시 높아집니다. 반대로 가격을 인상하면 예측 매출은 줄어들지 모르지만, 한계이익률이 커지므로 목표 매출도 낮아집니다. 또는 '과감한 프로모션'도 한 가지 방법입니다. 이 경우에는 예측 매출은 증가하지만 경비예산 역시 늘어나므로 목표 매출도 높아집니다.

위와 같이 판매예측과 관련된 다양한 요소의 조정을 통해 예측 매출과 목표 매출이 일치하는 지점을 찾아내는 것이 '예산'입니다. 즉, 현장의 예측값과 회사의 목푯값을 일치시키려는 노력을 말합니다. 혹시 아무리 노력해도 일치하는 지점을 찾을 수 없을 때는 예측 매출을 목표 매출로 설정하는 수밖에 없습니다. '달성할 수 없는(예측 불가능한) 목표'를 현장 예산으로 삼을 수는 없으니까요.

'목표'만 만들면 할당량으로 받아들여지기 때문에, 결국 현장 의견을 무시하고 '달성하라'고 지시하는 꼴이 되어 버립니다. '목표 달성'이라는 압력은, 도시바라는 거대 기업을 붕괴시키기도 했습니다(신문에서 읽은 기억이 납니다). 도시바 역시 '경영진과 현장 직원이 이 책을 읽었더라면 좋았을 걸'이라는 생각이 듭니다.

여러분의 상사가 목표를 강요하기만 한다면, 반드시 이 책을 읽도록 설득하시기 바랍니다. 필자 역시 비즈니스 컨설턴트로서, 클라이언트 기업에 '예산' 업무의 처리 방법에 대해 컨설팅해 왔습니다. 이 내용에는 그 누구도 반박할 수 없으므로 독자 여러분도 당당하게 주장하시기를 바랍니다.

예산의 변화구

만약 상품별 한계이익률을 통일할 수 없다면 어떻게 해야 할까요?

예를 들어, A사에서 기계 보수서비스도 제공하고 있어서, 기계 판매와는 한계이익률이 완전히 다를 경우를 생각해 봅시다. 이때에는 일반적으로 사업부제를 채택합니다. 즉, '기계판매'와 '보수서비스'를 '별도의 회사'로 간주하고(기계판매 사업부와 보수서비스 사업부를 만들어서) 각각의 부서에서 목표 매출, 경비예산, 한계이익률을 설정하여 예산을 편성하는 것입니다.

그러면 판매량에 따라 한계이익률이 달라지는 경우에는 어떻게 하면 될까요? 예를 들어, A사가 기계를 구입하여 판매하는 것이 아니라, 자사에서 직접 생산하여 판매하는 경우를 생각해 봅시다. 생산업체는 기계를 많이 만들수록 원가(앞 사례의 8만 엔)가 낮아지므로 매출이 늘어나면 이익은 급격히 상승합니다. 이를 그래프로 그리면 그림 3-15와 같습니다. 60쪽의 지수곡선과 비슷한 형태입니다.

이 그래프에서는 매출 크기에 따라 한계이익률이 다르다는 사실을 직감적으로 알 수 있습니다. 많이 팔리면 팔릴수록, 한계이익률은 상승합니다(그림 3-16). 한계이익률은 곡선의 이동량 = 미분계수이므로 각 점의 접선 기울기라고 할 수 있습니다.

이 사례에서 만약 이전 분기 매출이 4억 엔이라면 다음 분기도 대략 이 근처라고 생각하고 '4억 엔일 때의 미분계수 = 이전 분기의 한계이익률'을 다음 분기의 한계이익률로 봅니다.

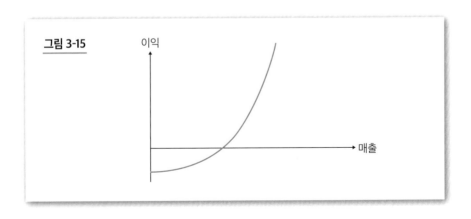

그림 3-15

이익

매출

120

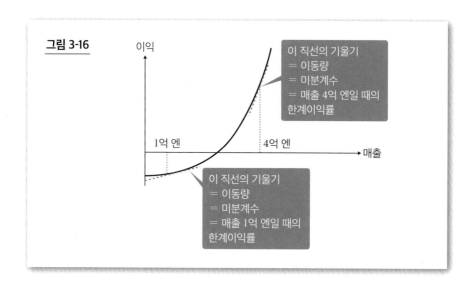

그림 3-16

이익

이 직선의 기울기
= 이동량
= 미분계수
= 매출 4억 엔일 때의
한계이익률

1억 엔   4억 엔

매출

이 직선의 기울기
= 이동량
= 미분계수
= 매출 1억 엔일 때의
한계이익률

만약 이전 분기보다 다음 분기의 매출이 크게 늘어날 것이라고 현장에서 예측한다면, 한계이익률을 크게 잡아서 예산을 설정합니다.

벡터적 접근

수학의 세계에서 말하는 벡터란, 방향과 숫자를 함께 표기한 것으로 주로 그림 3-17 같은 화살표로 나타냅니다. 화살표가 가리키는 곳이 '방향', 선의 길이가 '숫자'를 의미합니다.

이 '방향'은 좌우 방향(x축)과 상하 방향(y축)으로 분해할 수 있습니다. 그림 3-18의 벡터 a는 '오른쪽으로 3, 위로 2' 움직이는 것을 뜻합니다. 이를 (3, 2)로 표기하며, 이것을 벡터 a의 성분이라고 합니다. 우측의 벡터 b의 성분은 (1, 3)입니다.

이 두 벡터를 더하면 어떻게 될까요(그림 3-19)? 벡터의 합(합성 벡터라고 합니다)은 '오른쪽으로 4, 위로 5' 전진하였습니다. 즉, $a + b = (3, 2) + (1, 3) = (4, 5)$입니다. x축과 y축의 성분을 단순히 더하면 됩니다.

벡터는 평행이동해도 동일하므로 ('움직이는 방향'과 '움직이는 양'만을 의미

그림 3-17

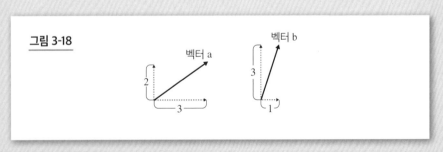

그림 3-18

벡터 a

벡터 b

2

3

3

1

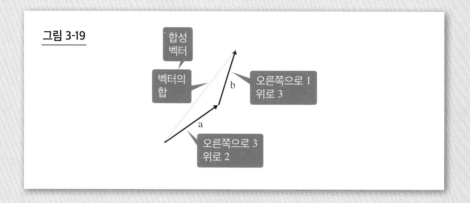

그림 3-19

합성
벡터

벡터의
합

오른쪽으로 1
위로 3

b

a

오른쪽으로 3
위로 2

합니다) *a* + *b*는 그림 3-20처럼 표현할 수도 있습니다. *a*와 *b*를 가지고 평행사변형(초등학교 때 배우는 내용입니다)을 만드는 것과 비슷합니다.

혹시 여러분은 커리어 프로세스라는 말을 들어본 적이 있습니까? 이는 회사에 입사해서 퇴직할 때까지의 과정을 뜻하는 단어입니다. 그리고 미래의 커리어 프로세스를 세우는 것을 커리어 플랜이라고 합니다. 22쪽에서 설명한 내용과 비슷합니다. 이것을 미적분이 아닌 벡터를 이용해서 접근해 봅시다.

커리어 프로세스의 기본은 '업무 능력' = '업무를 수행하는 능력'입니다. 업무 능력은 두 가지 차원(46쪽 참조)을 지니고 있습니다. 바로 업무 속도(신속한 처리)와 품질(높은 완성도)입니다. 이러한 두 가지의 '차원'을 그래프로 만든 것 중에 유명한 것이 포지셔닝 그래프(위치를 나타내는 그래프라는 뜻)입니다. 다만

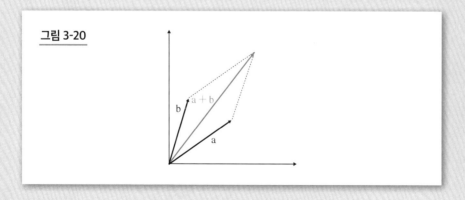

그림 3-20

b

a + b

a

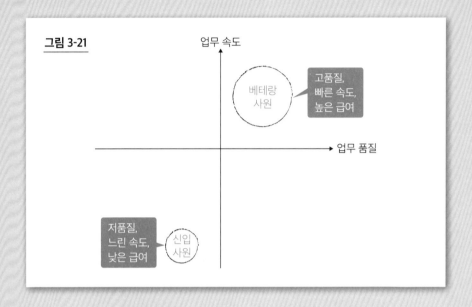

그림 3-21

업무 속도

베테랑
사원

고품질,
빠른 속도,
높은 급여

업무 품질

저품질,
느린 속도,
낮은 급여

신입
사원

'위치'는 점으로 나타내면 잘 보이지 않으므로 원(위치 = 원의 중심)으로 나타냅니다. 이렇게 하면 '원의 크기'도 함께 표현할 수 있으므로 이것을 '수행한 업무에 대한 보수' = '급여'로 봅니다(그림 3-21).

신입 사원이 계속 업무를 하면(시간이 흐르면) 2개의 자연 벡터가 작용합니다. 즉, 업무 경험을 쌓음으로써 자연스럽게 속도와 품질이 향상됩니다. 일반적으로 속도와 품질을 비교해 보면 속도의 상승폭이 크고, 품질은 천천히 상승합니다. 즉, 신입 사원에게는 그림 3-22와 같은 합성 벡터(성장 벡터라고 합니다)가 작용합니다.

성장 벡터는 우상향(약간 위로 치우쳐서) 방향으로 움직입니다. 이 벡터의 길이가 3년 후에 향상되는 능력치라고 한다면 3년 후에는 성장 벡터의 화살표 끝으로 원의 중심이 움직입니다. 그리고 업무 수행의 보수에 맞춰서 3년 치 급여가 인상됩니다. 이것이 바로 커리어 플랜입니다.

포지셔닝 그래프와 벡터의 조합은 전략, 매니지먼트 등의 분야에서 미래를 예

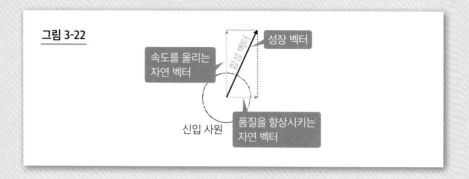

그림 3-22

속도를 올리는
자연 벡터

성장 벡터

품질을 향상시키는
자연 벡터

신입 사원

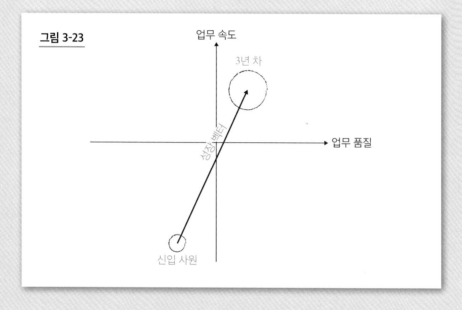

그림 3-23

업무 속도

3년 차

성장 벡터

업무 품질

신입 사원

측할 때 매우 자주 쓰입니다. 하지만 잘 보면 이 그래프에는 업무 속도, 품질, 그리고 급여라는 3차원적인 개념이 등장합니다. 그러면 또 하나의 '급여를 인상시키는 벡터'가 존재할 것입니다. 이를 표현하려면 3차원이 되어야 하므로 48쪽처럼 3차원(입체)적 세계로 생각해야 합니다. 3차원적 세계에서는 원이 구로 바뀝니다. 급여를 인상시키는 벡터는 '구를 크게 만드는 것'입니다. 그러면 '업무 속도', '업무 품질', '업무 보수(급여)'라는 3개의 자연 벡터를 합성할 수 있게 됩니다.

하지만 안타깝게도 현대 기업들의 사고는 2차원적 세계에 갇혀 있습니다. 때문에 2차원의 평면 그래프 말고는 표현할 방법이 없습니다. 하루빨리 3D 프린터처럼 3차원 공간을 볼 수 있는 도구가 나오기만을 손꼽아 기다리는 바입니다(어쩌면 필자 같은 노인은 머리가 굳어져서 입체적으로 생각하지 못하고 뒤처질지도 모르겠습니다만……).

고객의 미래를
예측하자

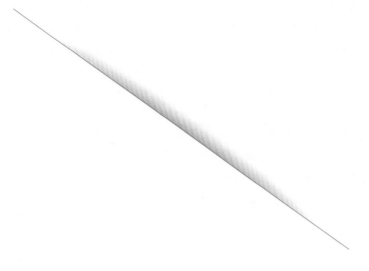

4장

현대는 물건이 팔리지 않는 시대라고들 합니다. 이렇게 물건이 팔리지 않는 시대에 주목받는 것이 마케팅입니다. 즉, 비즈니스를 시장 중심으로 생각하는 것입니다.

시장에는 자사를 중심으로 상품, 고객, 경쟁사 등의 요소가 있습니다. 상품에 대해서는 1장의 상품 개발, 2장의 생산에서 살펴보았습니다. 또한 자사에 대해서는 3장의 판매에서 공부했습니다. 남은 마케팅 요소는 두 가지, 즉 고객과 경쟁사입니다. 전자를 중심으로 한 마케팅을 고객 마케팅, 후자를 중심으로 한 마케팅을 경쟁 마케팅이라고 합니다.

이번 장에서는 고객과 관련해서, 그리고 다음 장에서는 경쟁사와 관련하여 미래를 예측해 보겠습니다.

고객은 얼마나 기다릴까?

먼저 확률적 접근부터 시작하겠습니다. 고객 관련 서비스에 관한 다음 사례를 살펴봅시다.

사례

A사는 독특한 주방용품을 소비자에게 판매하는 회사다. 그래서 고객으로부터 사용법 관련 문의가 자주 오는 편이다. A사의 웹사이트에도 사용법은 나와 있지만 고객이 상품을 사용하면서 직접 설명을 들어야 할 필요도 있기에 고객서비스센터라는 조직을 만들어 전화 응대를 실시하고 있다.

현재, 고객서비스센터에는 전화 대응 업무를 담당하는 직원이 5명 있다. 이들이 모두 고객을 응대하고 있어도 전화 연결은 가능하나 '잠시 기다려 주십시오'라는 메시지가 나온다.

A사의 웹사이트에는 언제나 서비스센터가 '연결 대기 중'이라는 불만이 접수되고 있다. A사는 직원을 충원할 계획이지만 과연 몇 명이나 필요할지 알 수가 없다. 또한 '항상 기다린다'는 고객의 불만에 대해서 실제로 고객이 몇 분 정도 기다리는지도 파악하지 못했다.

이러한 경우에는 확률적 접근 중 대기이론이라는 수학 모델을 활용합니다. 이 모델은 '고객은 창구에 와서 일정 서비스를 받은 후에 용건이 끝나면 나가며, 창구가 서비스를 제공할 때 고객은 줄을 서서 기다린다. 이때의 줄의 길이와 대기 시간을 예측하자'는 것으로, 말 그대로 위 사례와 같은 경우에 쓰이는 것입니다.

편의점 계산대를 예로 들어보자

먼저 간단한 예부터 생각해 보겠습니다.

'1대의 편의점 계산대(앞서 말한 창구에 해당)'에 손님이 와서 서비스(정산,

지불)를 받은 후에 계산대를 떠나는 사례로, 이른바 편의점 계산대에서의 대기입니다.

대기이론의 확률 모델에는 여러 가지가 있지만, 여기서는 가장 쉽게 사용할 수 있는 방법만 소개하겠습니다. 비즈니스에서 대기이론을 사용할 때는 이 방법만 있으면 충분합니다.

이 모델에서는 오직 두 가지 숫자만을 사용해서 예측합니다.

첫 번째는 손님의 도착에 관한 숫자입니다. 손님이 많이 오면 '대기 시간'이 늘어나고 '줄'이 길어진다는 것은 누구나 아는 사실입니다. 이 도착 숫자를 '단위 시간당 방문하는 손님의 평균 인원수' = '도착 인원수'로 표현하겠습니다. 두 시간의 점심시간(11시 30분부터 13시 30분까지)에 걸쳐 편의점 계산대에 평균 72명의 손님이 온다고 가정합시다. 그러면 72명 ÷ 120분 = 0.6(명/분), 즉 1분당 0.6명이 계산대에 도착합니다. 여기서 도착 인원수는 0.6입니다.

또 하나의 숫자는 서비스 속도입니다. 계산대에서 신속하게 일을 처리하면 대기 시간은 줄어들고 줄은 짧아집니다. 이 속도를 '단위 시간당 서비스할 수 있는 평균 고객 수'='서비스 인원수'로 표현하겠습니다. 편의점 계산대에서 한 시간(60분)에 평균 42명에게 서비스를 제공한다면, 1분당 서비스 인원수는 42 ÷ 60 = 0.7명으로 서비스 인원수는 0.7명입니다. 여기서

$$\frac{1}{\text{서비스 인원수}}$$ 은 창구에서의 평균 '서비스 시간'

을 나타내는 것으로, 즉 계산대의 서비스 시간은 $\frac{1}{0.7}$ = 1.4분(1분 24초)입니다. 반대로 말하면 한 명의 손님을 1분 24초간의 서비스 시간 동안 처리하면 1분당 0.7명, 1시간당 42명에게 서비스를 제공할 수 있습니다.

이 두 가지 숫자(도착 인원수, 서비스 인원수)를 이용하면 창구에서의 '줄의 길이'와 '대기 시간'을 예측할 수 있습니다.

먼저 이용률을 계산해 보겠습니다. 이용률이란 손님이 도착했을 때 창구가 차 있을 확률(창구가 이미 이용 중일 확률)입니다. 상기 사례라면 1분 동안 0.6명이 도착하고, 0.7명이 계산대를 떠나므로 계산대가 이용 중일 확률은 $\frac{0.6}{0.7} = \frac{6}{7}$ 입니다.

이제 여러분도 이해할 수 있을 겁니다. 도착 인원수가 10명이고 서비스 인원수가 20명이면 창구가 차 있을 확률은 $\frac{1}{2}$ 임을 직감적으로 알 수 있습니다. 이를 일반화하면

$$이용률 = \frac{도착\ 인원수}{서비스\ 인원수}$$

가 됩니다. 그러므로 도착하는 손님이 늘어나면 기다릴 확률(이용률)은 높아지고, 서비스 속도를 높이면(서비스 인원수를 늘리면) 기다릴 확률은 낮아집니다. 충분히 납득 가능한 내용입니다.

이때 만약 이용률이 1 이상이 되면 창구는 처리 불능 상태에 빠집니다. 도착 인원수가 서비스 인원수보다 많으면 줄은 끊임없이 길어지게 되고, 이럴 때 계산대를 추가하지 않으면 큰 혼란이 빚어집니다(식사도 못한 채로 점심시간이 끝나 버릴 겁니다).

처음 테마는 '기다리는 사람의 평균 인원수(＝줄의 길이)'였습니다. 이에 관해 수학자들은 다음과 같은 사실을 증명한 바 있습니다. 인생을 바쳐 연구에 몰두한 수학자들의 노력에 경의를 표하며 우리도 이 증명을 사용하기로 합시다(이 수학자들 중 한 분은 필자의 대학 시절 은사입니다).

$$줄의\ 길이 = \frac{창구가\ 차\ 있을\ 확률}{창구가\ 비어\ 있을\ 확률} = \frac{이용률}{1 - 이용률}$$

위의 사례에서는 '이용률'이 $\frac{6}{7}$이었으므로 비어 있을 확률(아무도 이용하지 않을 확률 $1 - \frac{6}{7}$)은 $\frac{1}{7}$입니다. 계산하면 $\frac{\frac{6}{7}}{\frac{1}{7}} = 6$(명)입니다. '줄의 길이', 즉 기다리는 사람은 평균 6명입니다.

줄의 길이에 관한 위 식은 상당히 편리합니다. 창구가 차 있을 확률이 50%라면 $\frac{0.5}{1 - 0.5} = 1$명, 80%라면 $\frac{0.8}{1 - 0.8} = 4$명, 90%라면 $\frac{0.9}{1 - 0.9} = 9$명 …… 이런 식으로 늘어나 100% 이상의 확률이 되면 줄은 끝없이 이어지게 됩니다.

다음 테마는 평균 대기 시간입니다. 위 사례에서 계산대의 '줄의 길이'는 6명이니, 누군가 계산대에 오면 평균 6명이 서 있을 겁니다. 이 사람은 6명의 서비스가 끝날 때까지 기다려야 합니다. 그 말인즉슨 '줄의 길이●'에 '서비스 시간'을 곱하면 '대기 시간'을 알 수 있다는 뜻입니다. 계산대의 서비스 시간은 $\frac{1}{0.7} = 1.4$분이었습니다. 따라서 6명 × 1.4분 = 8.4분이므로 평균 '대기 시간'은 약 8~9분입니다.

계산대를 1대 추가하면 어떻게 될까?

하지만 바쁜 점심시간에 8, 9분이나 기다리게 하는 건 아무리 생각해도 최악의 서비스입니다. 결국 편의점 측에서는 점심시간에 계산대를 1대 추가로 열기로 했습니다. 이렇게 했을 때 고객 서비스는 얼마나 달라질까요?

● 중요한 내용은 아니지만, 창구에서 서비스를 받고 있는 사람도 남은 서비스 분량만큼(50%의 서비스를 받았다면 0.5명) '줄 길이'에 합산됩니다.

이용률 ＼ 창구 수	1	2	3	4	5
0.05	0.053	0.003	0.000	0.000	0.000
0.10	0.111	0.010	0.001	0.000	0.000
0.15	0.176	0.023	0.004	0.001	0.000
0.20	0.250	0.042	0.010	0.003	0.001
0.25	0.333	0.067	0.020	0.007	0.003
0.30	0.429	0.099	0.033	0.013	0.006
0.35	0.538	0.140	0.053	0.023	0.011
0.40	0.667	0.190	0.078	0.038	0.020
0.45	0.818	0.254	0.113	0.058	0.033
0.50	1.000	0.333	0.158	0.087	0.052
0.55	1.222	0.434	0.217	0.126	0.079
0.60	1.500	0.563	0.296	0.179	0.118
0.65	1.857	0.732	0.401	0.253	0.173
0.70	2.333	0.961	0.547	0.357	0.252
0.75	3.000	1.286	0.757	0.509	0.369
0.80	4.000	1.778	1.079	0.746	0.554
0.85	5.667	2.604	1.623	1.149	0.873
0.90	9.000	4.263	2.724	1.969	1.525
0.95	19.000	9.256	6.047	4.457	3.511
0.98	49.000	24.253	16.041	11.950	9.503

그림 4-1

창구 2개,
이용률 0.45일 때
'줄의 길이'는
'0.254'

먼저 이용률을 계산해 보겠습니다. 창구가 2개 있으면 이용률(창구가 차 있을 확률)은 '창구가 1개일 때의 $\frac{1}{2}$'이 됩니다. 창구가 3개 있으면 1개일 때의 $\frac{1}{3}$

그림 4-1 계속

창구 수 이용률	6	7	8	9	10
0.05	0.000	0.000	0.000	0.000	0.000
0.10	0.000	0.000	0.000	0.000	0.000
0.15	0.000	0.000	0.000	0.000	0.000
0.20	0.000	0.000	0.000	0.000	0.000
0.25	0.001	0.000	0.000	0.000	0.000
0.30	0.003	0.001	0.001	0.000	0.000
0.35	0.006	0.003	0.002	0.001	0.001
0.40	0.011	0.006	0.004	0.002	0.001
0.45	0.020	0.012	0.008	0.005	0.003
0.50	0.033	0.022	0.015	0.010	0.007
0.55	0.053	0.037	0.026	0.019	0.014
0.60	0.082	0.059	0.044	0.033	0.025
0.65	0.124	0.093	0.071	0.055	0.044
0.70	0.187	0.143	0.113	0.091	0.074
0.75	0.281	0.221	0.178	0.147	0.123
0.80	0.431	0.347	0.286	0.240	0.205
0.85	0.693	0.569	0.477	0.408	0.353
0.90	1.234	1.029	0.877	0.761	0.669
0.95	2.885	2.441	2.110	1.855	1.651
0.98	7.877	6.718	5.851	5.178	4.641

(2개일 때의 $\frac{2}{3}$), 4개면 $\frac{1}{4}$입니다. 1대 있을 때의 이용률이 $\frac{6}{7}$이었으므로 2대로 하면 그 절반인 $\frac{3}{7}$이 됩니다.

이렇게 이용률과 창구 수가 정해지면 '줄의 길이'를 구할 수 있습니다. 이 역시 수학자들이 세상 사람들을 위해 이미 계산해 주었습니다. 바로 그림 4-1입니다.

이용률은 $\frac{3}{7}$ = 0.428……이므로 창구 2에서 0.428에 가까운 '0.45'(대기 시간을 조금 더 여유 있게 잡기 위해서 0.40이 아니라 0.45를 택했습니다)를 보면 0.254 = 0.25입니다. 이것이 바로 '줄의 길이'입니다. 여기에 서비스 시간을 곱하면 대기 시간이 나옵니다. 계산대의 서비스 시간은 1.4분이었으므로 0.25 × 1.4 = 0.35분(21초)입니다. 즉, 거의 기다리지 않아도 됩니다.

고객은 약 0.35분 기다린 후에 1.4분 동안 서비스를 받고 편의점을 나가므로 계산대 앞에 도착한 이후부터 정산이 끝날 때까지 걸리는 시간은 1.75분, 즉 2분 정도입니다. 1대였을 때 8.4분 + 1.4분 = 10분 걸렸으니 서비스가 상당히 개선되었습니다. 한발 나아가서 계산대를 3대 둔다고 해도 줄을 서는 시간은 없어지지 않기 때문에(2대일 때도 기다리는 시간은 초 단위이므로) 이 경우에는 개선 효과가 크지 않습니다. 차라리 계산대의 서비스 속도를 높이는 수밖에 없습니다.

편의점 계산대에 대해 조금 더 생각해 봅시다. 위 사례에서는 손님이 한 줄로 서 있을 것이라고 가정했지만, 만약 2대의 계산대 앞에 각각 줄을 서면 어떻게 될까요?

2대를 두었을 때, 첫 번째 계산대의 도착 인원수는 1대일 때의 $\frac{1}{2}$입니다. 즉, 1분당 0.6 ÷ 2 = 0.3명입니다. 서비스 속도는 그대로이므로 서비스 인원수는 0.7명입니다. 따라서 이용률은 $\frac{0.3}{0.7}$ = 0.43입니다.

창구가 1개일 때의 '줄의 길이'는 $\frac{창구가 차 있을 확률}{창구가 비어 있을 확률}$이므로 $\frac{0.43}{1 - 0.43}$ = 0.75가 됩니다. 대기 시간은 0.75 × 1.4분 = 1.05……(분)이므로 거의 1분이라고 할 수 있습니다. 한 줄로 섰을 때는 0.35분이었으니 두 줄로 설 때의 약 $\frac{1}{3}$ 입니다. 다만 처음부터 대기 시간이 짧기 때문에 큰 차이는 없습니다. 이 정도라면 굳이 한 줄로 세울 필요가 없을지도 모르겠습니다. 하지만 대기 시간이 30분(두 줄)과 10분(한 줄)이라면 같은 $\frac{1}{3}$ 이라도 효과는 있습니다. 오랜 시간 기다려야 하는 이동통신회사의 서비스 창구에서 번호표를 배부해서 한 줄로 세우는 이유가 이해되기 시작합니다.

충원할 직원 수를 결정하자

이제 상기 사례의 고객서비스센터 문제로 돌아가 봅시다. '대기이론'을 활용하려면 먼저 평균 도착 인원수와 평균 서비스 인원수를 알아야 합니다.

조사 결과, 전화는 1시간 동안 평균 10통 걸려옵니다. 즉, 1분당 '도착 인원수'는 $10 \div 60$(분) $= \frac{1}{6}$ 명입니다. 한편 직원의 평균 통화시간(서비스 시간)은 30분이었습니다. 따라서 서비스 인원수는 $\frac{1}{30}$ 명입니다. 직원은 5명이므로 창구는 5개입니다.

이용률은 $\dfrac{\text{도착 인원수}}{\text{서비스 인원수}} \times \dfrac{1}{\text{창구 수}}$ 였습니다.

이를 계산하면 다음과 같습니다.

$$\frac{\frac{1}{6}}{\frac{1}{30}} \times \frac{1}{5} = \frac{30}{6} \times \frac{1}{5} = 1$$

고객서비스센터의 이용률이 1이므로 서비스 불능 상태입니다. 이대로라면 끝없이 길어지는 대기 때문에 소중한 고객이 분노하며 전화를 끊는 사태가 벌어질 것입니다. 상황이 이러니, 웹사이트에 고객 불만이 쇄도하는 이유도 알만 합니다.

그러면 직원을 한 명 충원해 봅시다. 5개의 창구를 6개로 늘리면 이용률은 $\frac{5}{6}$가 됩니다. 그러므로 6명일 때의 이용률 $= \frac{5}{6} = 0.83\cdots\cdots$입니다. 즉, 80% 이상의 확률로 '잠시 기다려 주십시오'라는 메시지가 흘러나옵니다. 여기서 '잠시'는 과연 어느 정도의 시간일까요?

그림 4-1에서 창구 6의 0.85(0.83 근처) 지점을 보면 0.693, 약 0.7입니다. 즉, 0.7명이 '줄의 길이'입니다. 대기 시간은 30분(서비스 시간) × 0.7 = 21분입니다. 한마디로 평균적으로 약 20분을 기다리게 됩니다. '너무 길다'고 생각된다면 직원을 7명으로 늘려봅시다.

이용률 $= \frac{5}{7} = 0.71\cdots\cdots$이므로, 고객은 약 70%의 확률로 기다리게 됩니다. 그림 4-1에서 창구 7의 0.7 지점을 보면 0.143입니다. 대기 시간은 30분 × 0.14 = 4분 정도입니다. 직원을 6명에서 7명으로 늘리면 대기 시간이 21분에서 4분으로 급격히 줄어듭니다.

4분도 '너무 길다'면 8명으로 늘려봅시다. 이용률 $= \frac{5}{8} = 0.625$로 60%의 확률로 기다려야 합니다. 창구 8의 이용률 0.65 지점을 보면 0.071이므로 30분 × 0.071 = 2분 정도입니다. 다만 30분의 서비스를 받기 위한 대기 시간이 4분에서 2분으로 줄어드는 것은 그다지 큰 차이로 느껴지지 않습니다. 직원은 7명 정도가 적당한 것 같습니다.

하지만 이 경우에는 편의점 사례와는 달리 서비스 속도를 높이기가(신속한 대응) 쉽지 않습니다. 따라서 고객이 기다리는 것 자체를 어떻게 할 수는 없습니다. 기다리는 동안 고객에게 도움이 될 만한 상품 메시지 등을 송출하는 것도 하나의 해결책이 될 수 있습니다.

이 대기이론은 비즈니스에서의 이용 범위가 상당히 넓습니다.

퍼텐셜 파이를 파악하자

고객 마케팅의 기본은 지역 마케팅이라 불리는 것입니다. 여기에 통계적 접근을 적용해 봅시다.

지역 마케팅이란 시장(고객)을 지역 기준으로 분류하고, 지역별 마케팅 전략을 세우는 것입니다. 지점, 영업소 등의 조직이 있는 기업은 지역 마케팅을 채용하고 있다고 볼 수 있습니다.

지역 마케팅은 퍼텐셜 파이를 기반으로 하고 있습니다. 퍼텐셜 파이란 해당 지역 고객의 잠재적 수요(=파이)를 말합니다. 페트병 음료를 예로 들어보면, 이 때의 퍼텐셜 파이는 해당 지역이 원하는 음료의 양을 뜻하는 것으로, 이는 인구나 기온에 따라 발생하는 '갈증' 등 고객의 니즈에서 자연적으로 발생합니다(이 것을 잠재 = 퍼텐셜이라고 표현합니다).

다만 갈증을 느껴도 근처에 가게나 자판기가 없으면 음료를 살 수가 없습니다. 해당 지역에서 실제로 구입된 파이를 실제 파이라고 합니다. 그리고 실제 파이를 여러 페트병 음료 회사들이 나눠 가지고 있다고 생각해 봅시다. 이것이 점유율입니다.

지역 마케팅에서는 조사를 통해 실제 파이를 파악할 수 있습니다. 바로 각 회사가 판매한 판매량의 합입니다. 그리고 실제 파이를 파악하면 점유율도 자연스레 알게 됩니다. 하지만 퍼텐셜 파이는 이 방법으로 예측할 수 없습니다. 구입하고자 했던 사람이나 구입하지 않은 사람이 마시고 싶었던 양 등은 조사할 방법이 없기 때문입니다.

퍼텐셜 파이만 예측할 수 있다면 파이 현재율(실제 파이 ÷ 퍼텐셜 파이)을 알 수 있습니다. 파이 현재율이 높다면 해당 지역에서는 어딜 가나 페트병 음료를 살 수 있다는 뜻입니다. 이러한 상황하에서는 경쟁을 통해 점유율을 확보해야 합니다. 그 이후의 내용은 경쟁사에 대해 다룬 5장에서 살펴보겠습니다.

한편, 파이 현재율이 낮다면 비즈니스 기회를 놓친 고객이 많다는 뜻입니다. 즉, 이 지역은 충분한 가능성을 지닌 시장입니다. 이러한 지역을 조기에 발견하여 공략하는 것이 지역 마케팅의 주요 전략입니다. 그리고 이러한 시도는 고객에게도 행복(음료를 원하던 사람이 구입할 수 있게 됨)을 전해 줍니다. 이것이 바로 고객 마케팅입니다.

퍼텐셜 파이를 중회귀하자

다음 사례를 통해 퍼텐셜 파이를 예측해 봅시다.

사례

A사는 작년에 '혈압을 낮추는 효과'가 있다는 칼륨이 함유된 미네랄워터 X를 새롭게 출시했다. 출시 후 1년간은 매출이 성장했지만, 향후 경쟁사가 비슷한 상품을 만들어 A사를 추격할 것으로 예상된다.

A사에서는 퍼텐셜 파이에 의한 현재율을 토대로, 중점 지역을 선정하기로 했다. 그러기 위해서는 지역별 퍼텐셜 파이를 측정해야 한다.

A사에서는 전국에 100개 이상 퍼져 있는 영업소 상권을 지역으로 설정하고, X의 매출이 더 이상 늘어나지 않는 20개 영업소를 선정했다. 그리고 해당 영업소의 상권 내 파이 현재율을 100%로 보고, 그곳에서의 X의 판매량(= 실제 파이)을 해당 지역의 퍼텐셜 파이로 보았다. 이를 토대로 그 외의 각 지역(각 영업소)의 퍼텐셜 파이를 추정하고, 판매 목표를 설정할 계획이다.

야마다 씨는 A사의 고객 마케팅 본부의 일원으로 X의 지역 마케팅을 담당하게 되었다. 야마다 씨는 다음과 같이 생각했다. '20곳의 지역별 판매량은 이미 파악했어. 이것을 퍼텐셜 파이로 보면 되는 거지. 이 지역은 이미 파이를 다 먹어 버린 상태로군. 파이 단위는 주간 평균 판매 개수로 설정하면 되겠어. 하지만 무얼 가지고 다른 지역의 파이를 예측하면 좋을지가 문제야.

그림 4-2

지역 No	퍼텐셜 파이	지역 내 인구	50대 이상 인구	병원 수	혈압계 보유율(%)
1	84,356	212,862	64,505	30	17
2	108,256	328,541	87,526	25	13
3	77,962	172,362	63,262	19	10
4	123,425	618,391	112,562	8	16
5	88,225	346,681	82,562	25	5
6	178,256	599,340	212,562	8	32
7	92,586	285,849	82,562	16	11
8	134,567	571,650	12,562	23	27
9	110,376	355,236	92,562	17	17
10	108,564	496,598	86,851	23	11
11	128,564	487,118	108,564	32	13
12	124,362	611,435	94,526	43	10
13	110,567	447,603	99,826	5	18
14	86,261	216,428	72,456	34	23
15	106,382	255,090	92,356	22	24
16	120,356	303,514	112,862	17	25
17	98,889	191,040	52,362	13	24
18	112,624	523,508	90,862	34	10
19	76,256	91,058	38,456	13	12
20	108,562	154,140	42,562	15	31

일단 떠오르는 건 지역 인구로군. 그리고 X의 특징을 생각하면 역시 중요 포인트는 혈압이야. 혈압은 주로 50세 이후부터 신경을 쓰니 50대 이상의 인구도 관련이 있겠지. 그리고 병원 수도 연관이 있어 보이는군. 나머지는 혈압계 보유율 정도인가? 좋아, 리서치 회사에 연락해서 지역별 데이터 조사를 의뢰하자.'

리서치 결과는 그림 4-2와 같았다.

이제 퍼텐셜 파이의 계산식을 만들어 봅시다. 70쪽의 사례에서 해 봤으니 이미 알고 있을 겁니다. 먼저 퍼텐셜 파이와 지역 내 인구, 50대 이상 인구, 병원 수, 혈압계 보유율 간의 상관계수를 엑셀을 이용해 구해 봅시다(그림 4-3).

퍼텐셜 파이와의 상관계수는 지역 내 인구가 0.76, 50대 이상 인구가 0.66, 병원 수가 −0.14, 혈압계 보유율이 0.48이었습니다. 여기서 퍼텐셜 파이의 설명변수를 지역 내 인구, 50대 이상 인구, 혈압계 보유율로 정하고 중회귀분석을 해 봅시다(그림 4-4).

따라서 다음과 같은 식을 얻을 수 있습니다.

지역의 퍼텐셜 파이 = 0.09 × 지역 내 인구 + 0.16 × 50대 이상의 인구
　　+ 1,500 × 혈압계 보유율 + 37,000

그림 4-3

	퍼텐셜 파이	지역 내 인구	50대 이상 인구	병원 수	혈압계 보유율(%)
퍼텐셜 파이	1				
지역 내 인구	0.761600039	1			
50대 이상 인구	0.664361909	0.497279023	1		
병원 수	−0.142312331	0.129098487	−0.184113533	1	
혈압계 보유율(%)	0.484134206	−0.058429865	0.129314035	−0.3736972	1

└→ 여기를 사용

그림 4-4

회귀분석 통계량	
다중 상관계수	0.957248161
결정계수	0.916324041
조정된 결정계수	0.900634798
표준 오차	7372.882197
관측수	20

분산 분석

	자유도	제곱합	제곱 평균	F 비	유의한 F
회귀	3	9524516835	3174838945	58.40460746	7.71908E-09
잔차	16	869750270.3	54359391.89		
계	19	10394267105			

	계수	표준 오차	t 통계량	P-값	하위 95%	상위 95%	하위 95.0%	상위 95.0%
Y 절편	36656.43458	5838.829579	6.278044955	1.1009E-05	24278.66881	49034.20034	24278.66881	49034.20034
지역 내 인구	0.090264211	0.011655213	7.744535586	8.42701E-07	0.065556264	0.114972159	0.065556264	0.114972159
50대 이상 인구	0.162664757	0.049763891	3.268730648	0.004826919	0.05717002	0.268159494	0.05717002	0.268159494
혈압계 보유율(%)	1470.701773	222.788976	6.601322022	6.09289E-06	998.4102426	1942.993304	998.4102426	1942.993304

└→ 여기를 사용

정성적 데이터도 숫자로 표현할 수 있다

하지만 야마다 씨가 영업기획부장에게 위의 내용을 설명하자 다음과 같은 대답이 돌아왔습니다.

"이 숫자를 토대로 영업소 예산을 세우려면 좀 더 설득력이 있어야 하네. 그렇지 않으면 영업소장들이 납득하지 않을 거야. 지역특성 등의 요소를 추가해도 좋겠군. X는 미네랄워터니까 해당 지역의 '수돗물 맛'과도 관계가 있을 거야. 수돗물이 '맛있으면' '구매 의욕'이 떨어질 테니까. 그리고 지역 이미지도 중요하지. '도회적인가, 시골스러운가'를 따져보면 도회적인 지역이 더 많이 구입할 것 같거든."

숫자로 표시되지 않은 데이터를 흔히 정성적 데이터(숫자로 표시된 것을 정량적 데이터)라 합니다. 정성적 데이터는 중회귀분석을 할 수 없을까요?

그렇지 않습니다. 수량화라는 방법을 사용하면 됩니다. 사실 들리는 것만큼 어려운 방법은 아니고, 숫자로 되어 있지 않은 것을 '어떠한 방법을 통해 숫자로 표시하는 것'입니다.

야마다 씨는 '수돗물이 맛있는지 맛없는지', 그리고 '지역 이미지가 도회적인지 시골스러운지'를 이용해 퍼텐셜 파이를 다시 예측해 보기로 결심했습니다.

야마다 씨는 리서치 회사에 연락하여 지역별 수돗물을 마신 후에 맛있는 지역에는 '1'을, 맛없는 지역에는 '0'을 매겨 달라고 의뢰했습니다. 또한 리서치 회사 직원에게 직접 해당 지역을 방문하여 도회적이라고 생각되면 '1'을, 시골스럽다(도회적이지 않다)고 생각되면 '0'을 매겨 달라고 의뢰했습니다.

이 데이터를 위의 표에 합산하니 그림 4-5와 같은 결과가 나왔습니다. 먼저 퍼텐셜 파이와 '수돗물 맛', '도회적 분위기'의 상관계수를 구해 보겠습니다(그림 4-6).

상관계수는 각각 −0.57, 0.68입니다. 74쪽에서 서술한 바와 같이 상관 정도는 절댓값(마이너스를 제거한 것)으로 판단하기 때문에 '둘 다 높음'이라고 할 수 있습니다. 두 요인을 설명변수에 추가하면, 퍼텐셜 파이의 설명변수는 그림 4-5의 5개 항목입니다. 이를 가지고 중회귀분석을 하면 그림 4-7과 같은 결과가 나옵니다.

따라서 퍼텐셜 파이의 계산식은 다음과 같습니다.

지역의 퍼텐셜 파이 = 0.073 × 지역 내 인구 + 0.16

× 50대 이상의 인구 + 1,300 × 혈압계 보유율 + 44,000

(수돗물이 맛있는 지역만) − 4,000

(도회적인 분위기의 지역만) + 6,300

그림 4-5

지역 No	퍼텐셜 파이	지역 내 인구	50대 이상 인구	혈압계 보유율(%)	수돗물 맛	도회적 분위기
1	84,356	212,862	64,505	17	1	0
2	108,256	328,541	87,526	13	0	1
3	77,962	172,362	63,262	10	1	0
4	123,425	618,391	112,562	16	0	1
5	88,225	346,681	82,562	5	1	0
6	178,256	599,340	212,562	32	0	1
7	92,586	285,849	82,562	11	1	0
8	134,567	571,650	12,562	27	0	1
9	110,376	355,236	92,562	17	0	0
10	108,564	496,598	86,851	11	1	1
11	128,564	487,118	108,564	13	0	1
12	124,362	611,435	94,526	10	0	1
13	110,567	447,603	99,826	18	0	0
14	86,261	216,428	72,456	23	1	0
15	106,382	255,090	92,356	24	0	1
16	120,356	303,514	112,862	25	0	1
17	98,889	191,040	52,362	24	1	0
18	112,624	523,508	90,862	10	0	1
19	76,256	91,058	38,456	12	0	0
20	108,562	154,140	42,562	31	1	1

그림 4-6

	퍼텐셜 파이	지역 내 인구	50대 이상 인구	혈압계 보유율 (%)	수돗물 맛	도회적 분위기
퍼텐셜 파이	1					
지역 내 인구	0.761600039	1				
50대 이상 인구	0.664361909	0.497279023	1			
혈압계 보유율(%)	0.484134206	−0.058429865	0.129314035	1		
수돗물 맛	−0.565678116	−0.51514699	−0.351640401	−0.102877947	1	
도회적 분위기	0.684435666	0.580659157	0.304057709	0.267264388	−0.492365964	1

└→ 여기를 사용

그림 4-7

회귀분석 통계량

다중 상관계수	0.967413015
결정계수	0.935887942
조정된 결정계수	0.912990778
표준 오차	6899.264242
관측수	20

분산 분석

	자유도	제곱합	제곱 평균	F 비	유의한 F
회귀	5	9727869246	1945573849	40.8735315	7.26982E−08
잔차	14	666397859.1	47599847.08		
계	19	10394267105			

	계수	표준 오차	t 통계량	P-값	하위 95%	상위 95%	하위 95.0%	상위 95.0%
Y절편	44004.29232	6999.352647	6.286908882	1.99879E-05	28992.17394	59016.4107	28992.17394	59016.4107
지역 내 인구	0.072912217	0.013790431	5.287160173	0.000114816	0.043334684	0.102489749	0.043334684	0.102489749
50대 이상 인구	0.161118229	0.046957923	3.43111916	0.004054036	0.060403501	0.261832957	0.060403501	0.261832957
혈압계 보유율(%)	1312.321606	224.8392145	5.836711396	4.31767E-05	830.0894515	1794.55376	830.0894515	1794.55376
수돗물 맛	−3989.084854	3857.551924	−1.034097514	0.318624	−12262.71087	4284.54116	−12262.71087	4284.54116
도회적 분위기	6271.357445	4236.127904	1.480445725	0.160905357	−2814.233291	15356.94818	−2814.233291	15356.94818

└→ 여기를 사용

고객만족도(CS)의 미래를 예측하자

이번에는 세 번째 화살, 미적분적 접근입니다. 고객 마케팅의 최대 목표는 고객만족도(Customer Satisfaction, 줄여서 CS)입니다. 앞의 내용에서 퍼텐셜 파이가 고객이 원하는 '상품 양'이었다면 CS는 '해당 상품이 고객에게 어느 정도의 가치를 주었는가'를 측정합니다.

CS 전략에서는 실제로 제공한 상품의 가치를 파악하고, 그것을 어떻게 높일 것인지 예측하는 것이 핵심입니다. 이번 챕터에서는 미적분적 접근을 통해 미래의

CS를 예측해 보겠습니다.

　다음 사례를 살펴봅시다.

사례

　A사는 일본 카레 시장에서 점유율 1위를 자랑하는 식품 회사다. A사는 '인도에서 탄생해 일본에서 진화한 카레라이스를, 쌀을 주식으로 하는 다양한 나라에 제공하자'라는 글로벌 전략을 내걸고 있다. 타깃은 중남미권, 중국, 한국 등으로 그중에서도 카레 계열의 향신료에 거부감이 적은 멕시코를 중남미권 중에서도 최우선 타깃으로 삼고 있다.

A사는 멕시코인에게 어떤 카레를 제공할지 결정하기 위해 미각 조사를 실시하기로 했다. 100명의 현지 멕시코인들에게 A사의 중남미 시장용 카레를 제공하고, CS에 대한 설문 조사를 시행하는 내용이다.

중남미 시장용 카레의 핵심은 단연 '매운맛'이다. 중남미 요리의 특징은 단맛과 매운맛의 균형이기 때문에 A사의 카레에도 매운맛에 단맛을 첨가했다. 현지 설문 조사에서는 매운맛·단맛

그림 4-8		
	0	너무 달아서 먹을 수 없다.
	1	상당히 달다.
	2	단맛이 느껴진다.
	3	약간 달다.
	4	조금 더 매웠으면 좋겠다.
	5	단맛과 매운맛이 적절히 조화되어 있다.
	6	조금 덜 매웠으면 좋겠다.
	7	약간 맵다.
	8	매운맛이 느껴진다.
	9	상당히 맵다.
	10	너무 매워서 먹을 수 없다.

샘플 No	매운맛·단맛	걸쭉한 정도	건더기 맛	…
1	5	3	2	
2	7	5	3	
3	4	4	2	
⋮	⋮	⋮	⋮	
100	6	4	5	…

그림 4-10

평가점수	인원수	평가점수	인원수
0	0	7	9
1	1	8	2
2	2	9	0
3	13	10	0
4	22	평균	4.80
5	37	표준편차	1.31
6	14		

항목에 다음과 같은 점수 기준을 적용하기로 했다(그림 4-8).

조사 담당자인 나카무라 씨는 다른 설문 항목도 포함한 100명의 결과를 그림 4-9와 같이 엑셀에 입력했다. 이 중에서 매운맛·단맛 항목에 관한 100명의 평균 평가점수와 표준편차를 계산해 보니 각각 4.80, 1.31이었다. 또한 평가점수별로 인원수를 세어 보니 그림 4-10과 같은 결과가 나왔다.

나카무라 씨는 다음과 같이 생각했다. '매운맛과 단맛은 같은 멕시코인이라도 제각기 다르게 느끼는구나. 평균이 4.8점이면 괜찮네. 표준편차가 1.3점이면 흩어진 정도는 꽤 크군. 4.8점이

평가점수	인원수	평가점수	인원수
0	0	7	11
1	0	8	7
2	2	9	2
3	11	10	1
4	21	평균	5.21
5	31	표준편차	1.60
6	14		

그림 4-11

라면 약간 달다고 느끼는 사람이 많은 건가? 조금 더 매운맛을 가미해서 다시 만들어 보자.'

나카무라 씨는 매운맛을 약간 추가한 후, 동일한 100명을 대상으로 다시 한 번 시식을 실시했다. 그 결과 평균값은 5.21, 표준편차는 1.60이었다. 또한 평가점수별 인원수는 그림 4-11과 같았다.

나카무라 씨는 다음과 같이 생각했다. '평균이 5.2점이로군. CS가 가장 높은 것은 5점이라는 사실을 고려해 보면, 1회차 평균인 4.8점이나 2회차 평균인 5.2점이나 결국 CS는 비슷하다는 뜻인 건가? 남은 방법은 단맛을 약간 가미하는 것인데, 쉽지 않네. 딱 5점으로 맞추는 것은 불가능한 목표야. 모두가 5점이라고 느끼는 맛이 존재할 리 없잖아.'

CS의 적분 변화를 파악하자

과연 어떻게 하면 좋을까요? 나카무라 씨는 국내에서도 자주 CS 조사를 실시하는 야마다 씨에게 조언을 구했습니다.

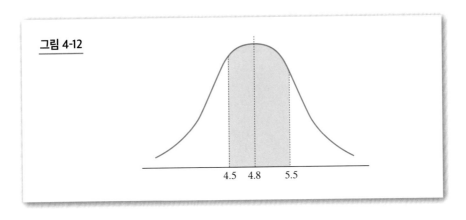

그림 4-12

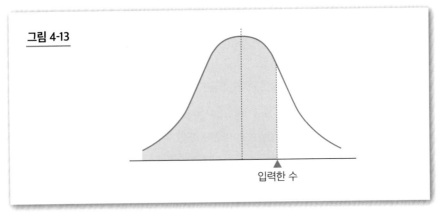

그림 4-13

입력한 수

야마다 씨는 이렇게 말했습니다. "이런 경우에는 CS존을 특정해서 그 안에 답변자가 몇 % 있는지 보면 돼. CS존은 10점 중에 5점이 만점이니까 가장 좋은 구간은 4.5~5.5이고 그 다음으로 좋은 구간은 일반적으로 3.5~6.5 구간이지."

먼저 1회차 조사의 가장 좋은 구간(4.5~5.5)부터 살펴봅시다. 이 구간은 그림 4-12와 같은 그래프로 표현할 수 있습니다. 그리고 83쪽에서 서술한 바와 같이 그림 4-13에 색칠된 부분은 엑셀의 'NORM.DIST'로 계산할 수 있습니다.

따라서 이렇게 계산하면 됩니다.

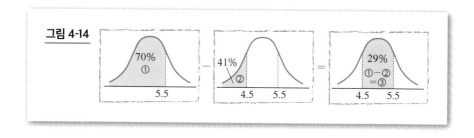

그림 4-14

$$\text{NORM.DIST(5.5, 4.80, 1.31, true)} = 0.70 \leftarrow 5.5 \text{ 이하일 확률} = \text{위 그림 ①}$$
$$-)\ \text{NORM.DIST(4.5, 4.80, 1.31, true)} = 0.41 \leftarrow 4.5 \text{ 이하일 확률} = \text{위 그림 ②}$$
$$0.29 \leftarrow 4.5{\sim}5.5 \text{일 확률} = \text{위 그림 ③}$$

즉, 가장 좋은 4.5~5.5 구간은 29%로 약 3할입니다. 동일한 방법을 이용해 두 번째로 좋은 3.5~6.5 구간을 계산하니 74%로 약 $\frac{3}{4}$이었습니다.

동일한 방법으로 2회차 조사도 계산해 보면 가장 좋은 구간이 24%로 약 $\frac{1}{4}$, 두 번째로 좋은 구간이 65%로 약 $\frac{2}{3}$였습니다. 따라서 1회차에 제공한 카레의 맛이 'CS가 높다'고 할 수 있습니다.

'특정 상품에 대한 CS'는 '많은 고객의 CS를 취합한 것'이라고 할 수 있습니다. 이런 경우에는 평균이 아니라 적분(면적)으로 표시하는 편이 CS의 실태를 더욱 잘 나타내며 설득력도 높습니다.

'고객의 상품 평가를 적분하면 CS가 보인다.'

상당히 만족스러운 결론입니다.

수열적 접근

현대 사회에서 '주가'는 투자자뿐만 아니라 상장기업에게도 최대 과제입니다. 그래서 신문은 주가 관련 소식으로 매일같이 떠들썩합니다. 주식 시장에서는 '과거의 주가'가 별로 관심을 끌지 못하고 '미래의 주가'를 예측하는 것이 핵심입니다.

투자자가 미래의 주가를 예측할 수 있다면, 주식 게임이라는 도박에서 승리하게 됩니다. 한편, 상장기업 역시 주주의 최대 관심사인 주가가 어떻게 정해지는지 파악할 수 있다면 '주가를 끌어올리는 경영계획'을 세울 수 있습니다.

때문에 사회적으로 미래의 주가를 결정하는 규칙(오늘의 주가는 증권시장의 '경매'로 정해집니다)은 통일되어야만 합니다. 이를 정하지 않으면 주식 게임은 단순한 정반 도박(주사위 눈이 짝수인지 홀수인지 맞히는 놀이. 즉 운에 맡기는 것)으로 전락해 버려 아무런 재미도 찾을 수 없게 됩니다. 주가 계산의 규칙에 의거하여(물론 동일한 규칙이라고 해도 대입하는 숫자에 따라 사람별로 계산 결과가 다릅니다), 미래에 대해 심사숙고하며 게임에 참여하는 것이 당연히 더 흥미로운 법입니다.

한편 상장기업도 주가 관련 규칙이 없다면 자사 주가의 하락 소식에 당황해하다가 닥치는 대로 배당을 올려 버릴 수도 있습니다(배당이 올라감에 따라 주가도 상승하는 규칙이라면 배당 경쟁으로 인해 경영이 혼란스러워집니다).

수많은 수학자들은 이러한 사회적 테마에 도전하여 미래의 주가 계산 규칙에 대한 하나의 합의점을 도출했고, 이 발견은 수많은 학자들에게 노벨 경제학상을 가져다주었습니다. 유감스럽게도 그중에 일본인은 없습니다. 거의 대부분이 머니 게임의 대국인 미국 출신 학자들입니다.

이 규칙은 주가의 기반을 DCF(Discount Cash Flow)로 계산하는 방식입니다. 캐시플로란 '기업이 1년 동안 늘린 돈의 양'입니다. DCF란 '미래의 캐시플로'를 뜻하는 것으로, 바꿔 말하면 기업이 '미래의 1년 동안 늘리게 될 돈의 양'입니다.

"'오늘 100만 엔 받기'와 '1년 후에 100만 엔 받기' 중 원하는 것을 골라봐라."라는 말을 들으면 누구나 '오늘 100만 엔 받기'를 선택할 것입니다. 하지만 '오늘의 100만 엔'과 '1년 후의 200만 엔'이라면 어떨까요(1년 후에는 반드시 살아 있고 그동안 돈을 쓸 예정이 없다는 전제하)? 당연히 '1년 후의 200만 엔'을 고를 것입니다.

그러면 '오늘의 100만 엔'과 '1년 후의 150만 엔'이라면? 그리고 '오늘의 100만 엔'과 '1년 후의 120만 엔'이라면? 이런 식으로 1년 후의 금액을 낮춰 가면 누구라도 '잘 모르겠다'고 생각하는 한계선이 나올 것입니다.

어떤 사람의 한계선이 '1년 후의 105만 엔'이라면 그 사람에게 '오늘의 100만 엔' = '1년 후의 105만 엔'입니다. 바꿔 말하면 '1년 후의 105만 엔을 현재 가치로 환산하면 100만 엔'이라는 뜻입니다. 즉, '현재의 돈 기준'으로 '미래의 돈'을 생각할 때는 '할인(디스카운트)'을 해야 한다는 겁니다.

이 할인율(discount rate)을 $\frac{105}{100}$ = 1.05로 계산해서 5%라 봅시다. '1년 후의 105만 엔'이 한계선인 사람은 '미래의 돈'을 계산할 때 1년당 5% 할인한 금액으로 생각해야 합니다. 2년 후의 300만 엔이라면 2번 할인해야 하므로 $\frac{300}{(1.05)^2}$만 엔입니다. 물론 할인율은 사람에 따라 다릅니다.

까다로운 개념이므로 다시 한 번 강조하면, 이렇게 고안해낸 미래의 캐시플로(기업이 1년 동안 늘릴 수 있는 돈의 양)를 DCF라 합니다. 'DCF를 주가에 적용하자는 제안'은 노벨 경제학상의 수상 분야로, 인류의 합의점입니다.

DCF에서는 반드시 '할인율'을 정해야 합니다. 그 방법을 고안한 사람들 역시 이 연구로 노벨 경제학상을 받았습니다.

　다만 비즈니스에서 할인율을 너무 꼬아 버리면 오히려 분쟁의 여지가 커지므로, 일반적으로는 1%, 5%, 10% 단위 등의 '딱 떨어지는 숫자'를 사용합니다. 지금까지 몇 번이나 등장한 단위로, 수학에서는 이미 상투적인 수단입니다. 현재 일본 상황을 고려하면 5% 정도가 타당합니다(노벨 경제학자의 이론을 이용해 계산해 봤습니다만, 일반 상장기업은 이 정도 수준이 나옵니다). 어쩌면 미래에는 10% 정도가 타당할지도 모르겠습니다(그때 다시 생각해 보면 됩니다).

　드디어 주가로 들어가 보겠습니다. 기업이 창출하는 DCF의 총합을 기업가치로 보고, 이를 주식 수(주주는 이 주식을 나눠 가집니다)로 나눈 것을 이론주가(예측주가라고 할 수도 있습니다)라고 합니다.

　예를 들어, 1년 동안 100억 엔의 캐시플로를 창출하는 회사의 기업가치를 다음처럼 계산하고(할인율은 5%), 이를 주식 수로 나눕니다.

$$\text{기업가치(억 엔)} = \frac{100}{1.05} + \frac{100}{(1.05)^2} + \cdots\cdots$$

　기업은 계속기업(영원히 지속)이므로 끝없이 DCF를 더합니다. 영원히 더하면 그 합은 계속 커지기만 할까요? 그렇지 않습니다.

　수열이라는 수학을 알고 있습니까? 수열이란, 숫자를 일정 규칙에 따라 늘어놓은 것입니다.

　　2, 4, 8, 16, 32, 64……

　이 수열은 '2'부터 시작(초항이라고 함)하여 2배씩 커지는 수열입니다. 이를 '2를 초항, 공비를 2로 하는 등비수열'이라고 합니다.

　이를 일반화해 보면 초항 a, 공비 r의 등비수열은 'a, ar, ar^2, ar^3……'입니다. 이것을 전부 더하면

$S = a + ar + ar^2 + ar^3 \cdots$ 이고(S를 무한등비급수라고 합니다), 이를 r배 하면

$rS = ar + ar^2 + ar^3 \cdots$ 입니다.

S에서 rS를 빼 봅시다.

$$
\begin{array}{l}
 S = a + ar + ar^2 + ar^3 \ \cdots \text{(무한)} \\
-)\ rS = + ar + ar^2 + ar^3 \ \cdots \text{(무한)} \\
\hline
(1 - r)S = a
\end{array}
$$

따라서 $S = \dfrac{a}{1 - r}$ 입니다. 뭔가 마술 같기도 합니다(하지만 r은 1보다 작아야 합니다).

앞서 나온 기업가치로 다시 되돌아가 봅시다. 여기서 $a = 100$(억 엔)이고, $r = \dfrac{1}{1.05} = 0.95$이므로, 기업가치 $= \dfrac{100}{1 - 0.95} = 2{,}000$억 엔입니다. 따라서 이 회사의 주식이 1억 엔 발행되었다면 이론주가(예측주가)는 1주당 2,000엔입니다.

투자자는 각자 스스로 계산해서(할인율을 정하고 캐시플로를 예측해서) 이론주가(2,000엔)를 산정합니다. 그리고 현재 주가가 1,000엔이라면 '매수' 결정을 내립니다. 이 투자자는 '미래에는 주가가 2,000엔이 될 것'이라고 예측한 겁니다. 만약 현재 주가가 3,000엔이라면 '매도'해야 합니다.

기업에게도 '주가 목표 설정' = 'DCF를 올리는 것'이므로 '캐시플로라는 자금을 늘리기 위한 노력'은 경영계획의 중요 요인이라 할 수 있습니다. 이를 캐시플로 경영이라고 부릅니다.

경쟁사의 미래를
예측하자

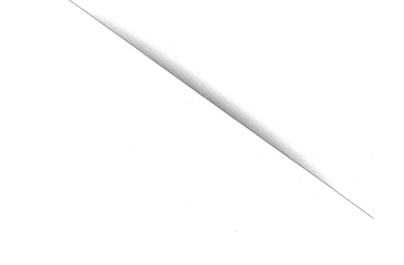

5장

마케팅의 마지막 요소는 경쟁사입니다. 경쟁사를 중심으로 한 마케팅을 경쟁 마케팅이라 합니다. '경쟁사의 미래 예측'은 예측 중에서도 상당히 난이도가 높은 분야입니다. 상대방이 무엇을 생각하는지 알 수 없기에 앞으로의 작전을 정확하게 꿰뚫어볼 수는 없기 때문입니다. 그래도 여기까지 필자와 함께 예측의 기술을 익혀온 독자 여러분이라면 이 난관도 충분히 헤쳐 나갈 수 있습니다. 그러면 마지막 관문으로 들어가 봅시다.

브랜드 파워가 싸움의 승패를 결정한다

경쟁 마케팅에 첫 번째 화살인 확률적 접근을 적용해 봅시다. 다음 사례를 보겠습니다.

사례

1년 전, 대형 생활용품 생산업체 A사는 보습효과가 뛰어난 X 샴푸를 출시하여 크게 성공했다. 이를 본 경쟁사 B사는 X와 거의 동일한 성분, 향, 가격의 Y 샴푸를 선보여 X를 맹추격하고 있다. 현재 시장 점유율은 A사가 70%, 후발주자인 B사가 30%이지만 B사의 점유율이 점차 높아지고 있는 상황이다. 이렇게 되면 결국 X와 Y의 브랜드 파워에 의해 승패가 갈리게 된다.

A사는 브랜드 파워를 확인하기 위해 재구매율(동일한 상품을 다시 구입하는 비율)에 대한 마케팅 리서치를 조사업체에 의뢰했다. 리서치 결과는 다음과 같다.

- X의 재구매율은 60% → 즉, Y로의 스위치율은 40% → X를 구입한 소비자 10명 중, 6명이 다음에도 X를 구입하고 4명은 다음번에 Y를 구입한다.
- Y의 재구매율은 80% → 즉, X로의 스위치율은 20% → Y를 구입한 소비자 10명 중, 8명이 다음에도 Y를 구입하고 2명은 다음번에 X를 구입한다.

향후, X와 Y의 시장 점유율은 어떻게 달라질까?

마르코프 연쇄

X와 Y의 시장 점유율은 재구매율과 브랜드 스위치율에 따라 매일 달라집니다. 그러면 X와 Y의 경쟁 결과를 예측해 보겠습니다. 먼저 X와 Y의 경쟁 구도를 확률을 이용해 그려 봅시다.

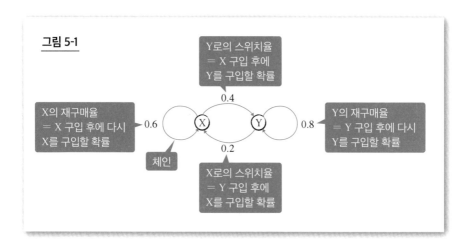

그림 5-1

Y로의 스위치율
= X 구입 후에
Y를 구입할 확률

X의 재구매율
= X 구입 후에 다시
X를 구입할 확률

체인

X로의 스위치율
= Y 구입 후에
X를 구입할 확률

Y의 재구매율
= Y 구입 후에 다시
Y를 구입할 확률

0.4

0.6

0.2

0.8

위 그림은 X와 Y의 향후 점유율이 어떻게 변할지를 확률로 나타낸 것입니다. X, Y의 상태 변화를 체인으로 나타냈기 때문에, 이 개념을 고안한 마르코프의 이름을 따 마르코프 체인이라고 합니다.

시뮬레이션으로 점유율을 예측하자

고객이 한 달 단위로 샴푸를 구입한다고 가정해 봅시다(1주일이든 3개월이든 동일한 결과가 나옵니다). 현재 예측되는 미래의 상태, 즉 1달 후의 시장 점유율을 살펴보겠습니다.

현재 X의 점유율은 70%로 그중 60%가 이미 X를 1회 구입하였으므로 $0.7 \times 0.6 = 0.42$, 즉 42%가 남게 됩니다. 한편, 현재 Y의 점유율 30% 중 20%는 다음에 X를 구입할 계획이므로 $0.3 \times 0.2 = 0.06$, 즉 6%가 Y에서 X로 옮겨갑니다. 한마디로 1개월 후의 X의 시장 점유율은 42 + 6 = 48%입니다. 따라서 Y의 점유율은 나머지인 52%이므로 X와 Y의 상황은 역전됩니다.

2개월 후의 상황은 어떨까요? X의 점유율 48% 중 60%가 남으면 0.48 × 0.6 = 0.288 = 28.8%, Y의 점유율 52% 중 20%가 X로 옮겨가므로 0.52 × 0.2 = 0.104 = 10.4%가 됩니다. 두 숫자를 합치면 X의 점유율은 39.2%이고, Y의 점유율은 나머지인 60.8%입니다.

3개월 후의 점유율도 계산해 봅시다. X의 점유율 39.2% 중에서 60%가 남고(0.392 × 0.6 = 0.2352 = 23.52%), Y의 점유율 60.8% 중 20%가 옮겨가므로(0.608 × 0.2 = 0.1216 = 12.16%) X의 점유율은 35.68%이며, Y의 점유율은 나머지인 64.32%입니다.

이렇게 숫자를 대입하여 미래 동향을 예측하는 것을 시뮬레이션이라고 합니다. 혹시 이 시뮬레이션을 통해 깨닫게 된 사실이 있습니까? X의 점유율은 하락세를 보이고 있지만(Y의 점유율은 상승 중임), 하락폭은 조금씩 줄어듭니다. 그 이유는 X의 점유율이 낮아지고 Y의 점유율은 높아지고 있어서 X에서 Y로 옮겨가는 물량이 줄어들고 그 대신 Y에서 X로 옮겨가는 물량이 늘어나기 때문입니다. 그렇게 생각하면 X → Y의 이동량과 Y → X의 이동량이 같아지는 순간이 온다고 해도 이상할 것이 없습니다. 즉, 점유율이 움직이지 않게 되는 시점입니다.

만약 X의 점유율을 x, Y의 점유율을 y로 보고 더 이상 움직이지 않는다고 가정해 봅시다. 즉, X 입장에서(Y 입장도 동일) '유출되는 고객과 유입되는 고객이 동일'한 상태입니다.

X가 볼 때 '유출되는 고객'은 x × 0.4(X의 스위치율 40%)이며 '유입되는 고객'은 y × 0.2(Y의 스위치율 20%)입니다. 이 두 수치가 같아지는 것을 식으로 표현하면

x × 0.4 = y × 0.2입니다.

여기서 $x + y = 1$(X와 Y의 점유율을 더하면 100%)입니다. 바로 중학교 1학년 때 배웠던 연립 방정식입니다. 이런 경우에는 '한쪽 식에서 x로 y를 표현하

고, 반대쪽 식에 이것을 대입한다'고 배웠습니다.

간단한 방법으로 해 보면 $y = 1 - x$입니다. 이것을 앞의 식에 대입하면 다음과 같습니다.

$$x \times 0.4 = (1 - x) \times 0.2 \implies 0.4x = 0.2 - 0.2x$$

$$\implies (0.2 + 0.4)x = 0.2 \implies x = \frac{0.2}{0.2 + 0.4} = \frac{1}{3}$$

<small>여기에 주목!</small>

즉, X의 점유율은 $\frac{1}{3} = 33.3\%$, Y의 점유율은 66.7%에서 더 이상 변하지 않게 됩니다. 이러한 상태를 수학의 세계에서는 균형이라 합니다. 이것을 일반화해 봅시다.

X의 점유율(x)은 '0.4'와 '0.2'라는 두 숫자로 계산한 수치입니다. 과연 0.4와 0.2는 무엇을 뜻할까요? 바로 X와 Y 각각의 스위치율(X → Y, Y → X)입니다.

즉, 마르코프 체인을 사용해서 최종 점유율을 계산하면 일반적으로 다음과 같이 표현할 수 있습니다.

$$\text{자사 점유율} = \frac{\text{경쟁사에서 자사로 옮기는 스위치율}}{\text{경쟁사에서 자사로 옮기는 스위치율} + \text{자사에서 경쟁사로 옮기는 스위치율}}$$

상당히 흥미로운 결과입니다. '점유율은 브랜드의 스위치율에 따라 결정된다'라는 결론입니다. 이 사실이 널리 퍼짐에 따라, 마케팅의 세계에서는 스위치율이 크게 주목받기 시작했습니다. 타사로의 스위치율이 낮은(타사로 브랜드 스위치하지 않음) 상태, 즉 재구매율(1 − 스위치율)이 높은 상태를 로열티(충성도)라 부르며, 충성도가 높은 고객을 로열 커스터머, 이를 유지하는 것을 로열티 마케팅이라고 부릅니다. 재구매율, 스위치율을 기반으로 한 로열티 마케팅은 현대의 경쟁 마케팅의 하이라이트입니다.

승리할 확률이 절반이라면 결과는 어떻게 될까?

이번에는 또 다른 마르코프 체인을 이용해 경쟁 사례를 공부해 봅시다. 앞에 등장한 A사의 X 샴푸와 B사의 Y 샴푸 사례를 조금 바꿔보겠습니다.

사례

A사의 X 샴푸와 B사의 Y 샴푸는 디자인과 기능이 완전히 동일하고 브랜드 파워도 비슷해 소비자들은 이 두 제품을 같은 것이라고 생각하고 있다.

야마다 씨는 A사의 영업사원으로 P 슈퍼 담당자이다. P 슈퍼에서는 X와 Y 샴푸를 3페이스● 진열하는데, 현재는 X가 2페이스, Y가 1페이스를 차지하고 있다.

야마다 씨는 'Y의 1페이스를 X로 바꾸고 싶군. 언제 Y가 2페이스로 바뀔지도 모르고, 어쩌면 3페이스를 전부 빼앗길 수도 있어'라고 생각했다. 고민 끝에 야마다 씨는 P 슈퍼의 바이어에게 과감한 제안을 했다.

"P 슈퍼의 점포 오퍼레이션을 고려하면 X와 Y 중 하나를 선택하는 것이 바람직합니다. 나란히 진열된 X와 Y의 페이스당 주간 판매개수(1주간의 매출)를 비교하여 판매량이 높은 제품으로 바꾸고, 그중 하나가 3페이스가 되면 해당 제품을 최종 선택해 주십시오."

P 슈퍼의 바이어도 거의 비슷한 두 상품을 판매하는 것은 비효율적이라고 생각하였기에, 이 제안을 받아들였다.

● 매장에서 소비자가 봤을 때 해당 상품이 몇 개 보이는가를 뜻함. 3페이스는 상품이 3열 보이는 상태.

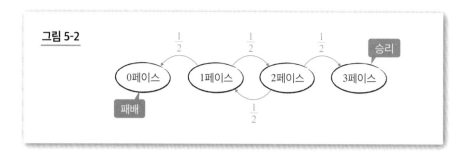

그림 5-2

자, 이 승부의 승자는 누가 될까요? X가 본 상태를 마르코프 체인 그래프로 그려 보겠습니다. 고객은 X와 Y를 완전히 같은 상품이라고 생각하고 있으므로, 각 페이스당 승부(주간 판매개수가 많은 쪽이 승리)에서 이길 확률은 $\frac{1}{2}$입니다. 따라서 페이스를 옮길 확률은 전부 $\frac{1}{2}$입니다(그림 5-2).

현재 2페이스를 차지하는 X가 최종적으로 3페이스를 차지하여 이길 확률을 a, 현재 1페이스인 Y가 이길 확률을 b라고 합시다. 여기서 $a + b = 1$입니다(언젠가는 반드시 한쪽이 이기는 결과가 나옵니다). X와 Y의 브랜드 파워가 동일하기 때문에 a는 2페이스가 최종적으로 이길 확률, b는 1페이스가 최종적으로 이길 확률이라고 볼 수도 있습니다.

그러면 마르코프 체인의 시뮬레이션을 실시해 봅시다. 현재, X는 2페이스를 차지하므로 첫째 주에 $\frac{1}{2}$의 확률로 이겨서 3페이스를 차지하게 되면 승부는 끝납니다. 또한 첫째 주에 $\frac{1}{2}$의 확률로 패배하면 1페이스가 됩니다. X가 1페이스가 되면 이길 확률은 얼마나 될까요?

그렇습니다. 1페이스가 역전 승리할 확률은 b입니다. 이를 그림으로 나타내면 그림 5-3과 같습니다.

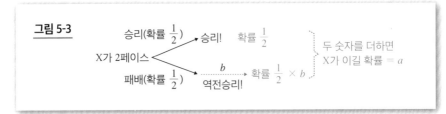

그림 5-3

승리(확률 $\frac{1}{2}$) → 승리! 확률 $\frac{1}{2}$

X가 2페이스

패배(확률 $\frac{1}{2}$) → 역전승리! b → 확률 $\frac{1}{2} \times b$

두 숫자를 더하면
X가 이길 확률 = a

즉, 2페이스를 차지한 X가 이길 확률 $a = \frac{1}{2} + \frac{1}{2}b$ 입니다. 여기서 $a + b = 1$이므로 앞서 나온 방정식 규칙을 사용하면 $b = 1 - a$입니다.

$$a = \frac{1}{2} + \frac{1}{2}b \quad \Rightarrow \quad a = \frac{1}{2} + \frac{1}{2}\underbrace{(1 - a)}_{b} \quad \Rightarrow \quad a = 1 - \frac{1}{2}a$$

$$\frac{3}{2}a = 1 \quad \Rightarrow \quad a = \frac{2}{3} \text{ (오랜만에 분수 계산을 하셨다면 고생하셨습니다)}$$

즉, X는 $\frac{2}{3}$의 확률로, Y는 $\frac{1}{3}$의 확률로 경쟁에서 이기게 됩니다. 그렇다면 야마다 씨가 P 슈퍼에게 이러한 제안을 한 것도 충분히 이해가 됩니다. 사실 2페이스를 차지하고 있는 지금이야말로 절호의 기회입니다. X가 승리할 확률은 Y의 2배니까요.

부자는 싸움에서 이길 수 있다

앞서 나온 브랜드 승부 사례에서는 스위치율이 승부를 좌우했습니다. 그러면 이번 승부의 결정 요인은 무엇이었을까요?

바로 처음에 보유한 페이스 수(X가 2, Y가 1)에 의해 승부가 결정되었습니다. 이것이 마르코프 체인에서 유명한 도박꾼의 파산 문제입니다. 마르코프 체인에 관해 설명한 어려운 책을 읽어보면 다음과 같이 쓰여 있습니다.

'X, Y가 동전을 하나씩 걸어서 둘 중 한 명의 동전이 바닥날 때까지(이것이 파산) 내기를 한다. 1번의 내기에서 이길 확률은 둘 다 $\frac{1}{2}$(가위바위보처럼)이다. X가 x개, Y가 y개의 동전을 가지고 내기를 시작하면 X가 최종적으로 이길 확률은 $\frac{x}{x+y}$, Y가 이길 확률은 $\frac{y}{x+y}$다.'

여기서 동전은 상기 사례의 페이스 수에 해당하므로 2페이스(x)와 1페이스(y)입니다. 2페이스를 차지한 쪽은 $\frac{x}{x+y} = \frac{2}{2+1} = \frac{2}{3}$의 확률로 이깁니다. 종종 '부자는 싸우지 않는다'고들 하는데, 사실 '부자는 싸움에서 이길 수 있다'고 말하는 편이 맞을지도 모르겠습니다.

마케팅의 세계에 이를 대입하면 '최초 점유율이 높은 쪽이 이긴다'고 할 수 있습니다. 먼저 주도권을 잡는 쪽이 승리한다는 뜻입니다. 이는 발 빠르게 상품을 시장에 투입하고(상기 사례의 X 샴푸), 경쟁사가 진출하기 전에 시장을 점유하여 나중에 진입한 경쟁사에게 이기는 전략입니다. 바로 55쪽의 포화 전략입니다.

한편, 후발주자(상기 사례의 Y 샴푸)는 선행상품(X 샴푸)을 철저히 연구하여 제품의 약점(높은 가격, 강한 향 등)을 찾아내고, 이를 보완하여 선행주자로부터의 브랜드 스위치를 노린 후에 그 고객들이 옮겨가지 못하도록 하는 전략을 취합니다. 이러한 방식을 상품차별화 전략이라고 합니다.

경쟁 마케팅 세계에서는 이러한 전략에 이름을 붙이는 것을 즐깁니다. '마케팅의 신'이라고 불리는 코틀러 씨는 동전이 많은 사람의 전략을 리더 전략, 동전이 적은 사람의 전략을 니처(틈새) 전략이라고 명명했습니다. 마케팅에 전쟁 이론을 도입한 란체스터 씨는 전자를 광역전, 후자를 국지전이라 불렀습니다.

경쟁 마케팅의 세계에서는 보유하고 있는 자원(자금, 브랜드 파워, 영업사원 등)

에 따라 경쟁자와의 경쟁 방식을 바꾸는 것이 기본입니다.

경쟁상대의 전략을 예측하자

이번에는 통계적 접근입니다. 통계적 접근은 기본적으로 과거의 상세 데이터를 필요로 하지만, 상대가 경쟁사인 경우에는 그러한 데이터를 얻기 어렵습니다. 특히 경쟁상대의 전략, 즉 다음에 취할 작전은 좀처럼 예측할 수 없습니다. 이 장에서는 '경쟁상대의 미래 행동 예측'에 대해 접근해 봅시다.

이런 경우에는 게임 이론이 종종 쓰입니다. 게임 이론은 노이만 씨(컴퓨터의 원형을 제안한 것으로 유명한 수학자)가 기초를 세웠고, 내쉬 씨(그의 인생은 〈뷰티풀 마인드〉라는 영화로 제작된 바 있습니다. 30세부터 20년간 투병 생활한 끝에 기적적으로 완치되었습니다)가 체계화한 이론입니다. 게임 이론은 두 명의 천재 수학자가 경쟁상대와 싸울 때(이를 게임이라고 부릅니다)의 의사결정에 관한 개념을 수학으로 이론화한 것입니다.

게임 이론의 원점은 '상대가 취하는 전략을 예측할 수 없을 때는, 상대가 반드시 자신에게 가장 좋은 전략을 취하리라고 생각하는 것'입니다. 다시 말해 상대가 실수하거나 이해하지 못할 행동은 하지 않을 것이라는 생각입니다.

다음 사례를 살펴봅시다.

사례

A사와 B사는 전국적으로 슈퍼마켓 체인을 운영하고 있다. X 지역에는 이미 A사가 점포를 운영 중인데, B사 역시 점포 오픈을 검토하고 있다. 이를 알아챈 A사는 'B사가 X 지역에 점포를 낸다면 적극적으로 맞서겠다'고 선언했다. 하지만 B사가 X 지역에 점포를 내도 A사에게는 '우호적으로 공존하는(가격 경쟁 등을 하지 않고, 두 점포가 공존을 꾀하는 것)' 또 하나의 전략이 있다.

A사는 각 전략의 결과가 어떻게 될지 예측해 보았다. 현재 A사는 X 지역에서 10억 엔의 매출을 올리고 있지만, 만약 B사가 점포를 내서 A사와 경쟁하게 된다면 A사는 3억 엔의 이익을 올리고 후발주자인 B사는 −3억 엔의 이익(3억 엔의 손실)을 기록하게 될 것이다. 하지만 A사가 공존전략을 택하면 두 회사 모두 각각 5억 엔의 이익을 올릴 수 있다. 그러나 B사의 전략을 예측할 수 없기 때문에 A사는 어느 전략을 취하면 좋을지 고민하고 있다.

먼저 위 내용을 그래프(그림 5-4)로 나타내 봅시다(이를 게임 트리라고 합니다). 그리고 게임 이론을 시뮬레이션하여 미래 전략을 예측해 봅시다. 만약 B사가 'X 지역'에 '점포를 내는' 전략을 취한다고 가정합시다. 이 경우 A사는 '경쟁한다(이익 3억 엔)' 또는 '공존한다(이익 5억 엔)' 중 하나를 선택하게 됩니다. 게임 이론에서는 '서로 현명하게, 정색하거나 감정적으로 대응하지 않고, 냉정하게 이익이 최대가 되는 행동을 취한다'고 가정합니다. 따라서 B사 입장에서 보면 A사는 '공존한다'는 선택지를 취할 것으로 예측됩니다. 이 경우 B사의 이익은 5억 엔입니다. 그리고 B사는 점포를 내지 않으면 '이익 0 엔', 내면 '5억 엔'이므로 'B사는 점포를 낸다'는 의사결정을 하게 됩니다.

즉, 이 게임의 결론(이를 게임의 해답이라고 합니다)은 'B사는 점포를 내고, A

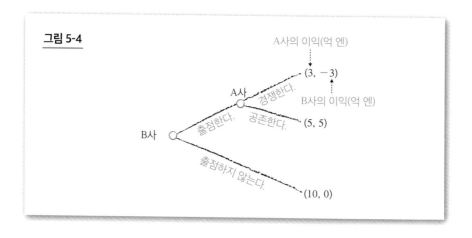

그림 5-4

사는 상호 공존한다'이며, A사와 B사의 이익은 각각 5억 엔이 됩니다.

게임을 바꾸자

하지만 A사의 입장에서 생각하면 현재 이익이 10억 엔인데 B사가 점포를 오픈하면 이익이 기존의 절반 수준인 5억 엔으로 급감합니다. 때문에 점포 오픈을 막을 방법이 없을지 고심할 수밖에 없습니다.

그림 5-4의 게임 트리가 바뀌면, 해답 역시 달라집니다. 가령 X 지역에 B사가 점포를 내기 전에, A사가 신점포를 추가로 내는 전략을 생각해 볼 수 있습니다. 이 경우의 예측 이익은 그림 5-5와 같습니다. 게임 트리의 상단은 'A사가 신점포를 내지 않을 경우'로, 이때의 해답은 앞서 계산한 바와 같이 A와 B사 모두 각각 5억 엔의 이익입니다.

트리의 하단(A사가 신점포를 낼 경우)에 대해 생각해 봅시다. 이때, B사가 점포를 내고 A사가 '경쟁할' 경우에는 5억 엔의 이익, '공존할' 경우에는 2억 엔의

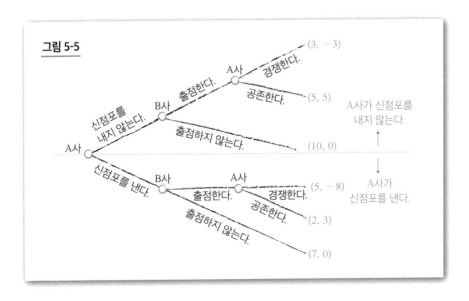

그림 5-5

이익을 얻게 되므로 '경쟁하자'는 의사결정을 내리게 됩니다. 따라서 B사의 이익은 －8억 엔이 됩니다. 한편, B사가 점포를 내지 않을 경우 이익은 0이 되므로, B사는 '점포를 내지 않는다'는 의사결정을 내리게 됩니다. 따라서 A사는 7억 엔의 이익을 얻을 수 있습니다.

지금까지의 결과에 따르면 A사는 추가 점포를 열지 않으면 5억 엔의 이익을, 열게 되면 7억 엔의 이익을 얻게 되므로 '신점포를 낸다'는 의사결정을 하게 됩니다. 결국 B사는 이러한 상황을 고려하여 점포 오픈 계획을 중단하게 되므로, 이 게임의 결론은 A사의 이익 7억 엔, B사의 이익 0엔이 됩니다.

이러한 게임 트리를 사용한 것 중에서 유명한 전략이 세계 제일의 소매업체 월마트의 출점 전략입니다. 후발 경쟁사가 시장에 진출하여 '점포를 오픈한다'는 결론에 다다르지 않도록 퍼텐셜 파이가 작은 지역(시골)에 초대형 점포를 내는 것입니다. 그래서 결국 경쟁상대가 '점포를 내지 않는다(점포를 내면 이익이 마이너스)'는 답밖에 낼 수 없는 게임 구조를 만드는 전략입니다.

죄수의 딜레마

게임 이론의 다양한 전략은 주로 '라이벌과의 경쟁'에 적용됩니다. 또 하나의 사례를 들어 살펴봅시다.

사례

A사와 B사는 2대 맥주업체. 두 회사는 시장 점유율 1위를 놓고 치열하게 경쟁하고 있다.

A사와 B사는 거래처인 X 체인점으로부터 프라이빗 브랜드(PB*) 판매를 제안받았다. 즉, A사

---

* 체인점에서 직접 만든 자체 브랜드.

와 B사가 X사에서만 판매하는 맥주를 만들고, X사의 브랜드를 넣어 X사의 각 점포에서 판매하자는 내용이다. 이 경우, X사에 브랜드 사용료를 지불해야 한다. 하지만 단독 PB 판매를 유치하게 된다면, X사에서의 판매 우선권을 기대할 수 있다.

A사는 X사의 제안 수락 여부를 두고 고민 중이다. 다음은 각 상황별 이익을 예측한 결과이다. 'A사, B사 모두 PB 제안을 거절한다면 X사에 대한 이익은 두 회사 모두 변하지 않는다. 하지만 한 회사가 제안을 수락하고 다른 회사는 거절하는 경우, PB 제안을 수락한 회사는 X사에 대한 이익이 15% 증가하고, 거절한 회사는 25% 감소한다. 그리고 둘 다 제안을 수락하면 이익은 모두 15% 감소한다.'

이 상황에서, A사는 어떻게 반응해야 할까?

....

여기서 '취해야 할 방향(전략이라고 하겠습니다)'과 '이익(보수라고 하겠습니다)'을 표로 나타내 보았습니다(그림 5-6).

A사의 최대 고민은 B사의 전략(수락, 거절)을 예측하기 힘들다는 것입니다. 그러면 시뮬레이션을 해 봅시다.

B사가 '수락'을 택했다고 가정해 봅시다. 이 경우에는 아래 그림의 '좌측'을 보면 됩니다. 이 표에서 A사가 '수락'하면 '−15', '거절'하면 '−25'입니다. 따라서

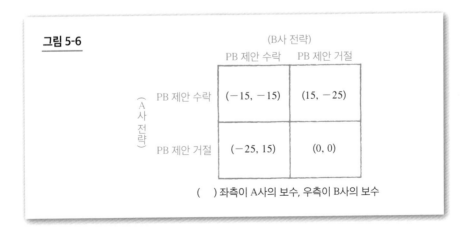

그림 5-6

	(B사 전략)	
	PB 제안 수락	PB 제안 거절
PB 제안 수락	(−15, −15)	(15, −25)
PB 제안 거절	(−25, 15)	(0, 0)

(Ａ사 전략)

( ) 좌측이 A사의 보수, 우측이 B사의 보수

A사가 취해야 할 전략은 '수락'입니다.

이번에는 B사가 '거절'할 경우를 생각해 봅시다. 이는 그림 5-6의 '우측'에 해당됩니다. 이 경우에 A사가 '수락'하면 '15', '거절'하면 '0'이므로 A사가 취해야 할 전략은 '수락'입니다. 즉, 상대가 '수락' 또는 '거절' 중 어느 쪽을 선택하더라도 A사는 '수락'을 택해야만 합니다.

게임 이론은 '상대도 최적의 전략을 취한다'고 가정하므로 B사 역시 A사와 마찬가지로 '수락'을 택할 것입니다. 따라서 '두 회사 모두 PB 제안을 수락한다'는 전략을 취하게 되어 '둘 다 15%의 이익 감소'가 게임의 해답입니다.

바로 이것이 게임 이론의 유명한 현상인 죄수의 딜레마입니다. 노이만 씨가 아래 예를 들어 설명하였기 때문에 이러한 이름이 붙게 되었습니다.

'A와 B가 함께 범죄를 저지른 혐의로 경찰에 구속되었다. 두 사람은 각각 다른 방에서 심문을 받는 중이다. 증거가 없는 관계로 오직 자백만이 유일한 희망으로, 경찰은 두 사람에게 거래를 제안했다. 즉, 아무도 자백하지 않으면 두 사람 모두 징역 1년, 둘 다 자백하면 징역 3년, 한 명만 자백하면 자백한 사람은 석방, 자백하지 않은 사람은 5년 동안 징역형에 처해진다는 내용이다. A가 취해야 할 행동은 무엇인가?'

독자 여러분도 아까처럼 표를 만들어서 풀어 보시기 바랍니다. 게임의 해답은 '둘 다 자백한다'입니다.

협조 게임

앞의 A사와 B사의 사례에서는 '두 회사 모두 PB 제안을 수락하여 이익이 15% 감소한다'가 해답이었습니다. 하지만 두 회사에 최선의 방법은 '둘 다 제안을 거절한다'입니다. 그렇게 하면 '이익은 변하지 않기 때문'입니다. 그러기 위해서는 어떻게 해야 할까요?

바로 A사와 B사가 '공통의 이익(A와 B의 이익의 합)'을 추구하면 됩니다. 이는 A사와 B사가 하나의 조직체를 구성하는 것을 뜻합니다. 즉 합병, 경영 통합 등의 방법입니다. 이것을 협조 게임이라고 합니다. 경쟁상대와 겨루고 있을 때, 공통의 적(＝상기 사례의 X 체인점)이 나타나면 서로 '협조'하는 선택지를 택하는 것입니다.

신문을 보면 '시장 점유율 1위의 회사와 2위 회사의 합병' 등의 기사를 종종 볼 수 있습니다. 이러한 합병이 이루어지는 이유는 공통의 적(앞의 사례처럼 생산업체 입장에서 본 체인점, 국내기업 입장에서 본 외국기업) 등이 나타나면 해당 업계가 전쟁에서 동맹 체재로 변하기 때문입니다.

하지만 A사와 B사가 합병하여 AB사가 된다 해도, X사라는 체인점과의 경쟁을 피할 수는 없습니다. 이 구조를 게임 이론에서는 제로섬 게임이라고 합니다. 즉, AB사가 X사에 맥주를 납품할 경우, AB사가 가격을 10엔 인하하면 AB사가 10엔의 손해를 보고 X사의 이익이 10엔 증가하는 구조입니다. 이것이 바로 제로섬 게임(양측의 이익을 더하면 제로)입니다.

제로섬 게임에는 해답이 없습니다. 'AB사는 1엔이라도 더 비싸게 팔고 X사는 1엔이라도 싸게 사는' 구조로, 결국 파워 게임(강한 쪽이 승리함)입니다.

이때 AB사가 취해야 할 전략은 X사와도 협조 게임을 하는 것입니다. 그러기 위해서는 공통의 적(사실 적절한 표현은 아닙니다만)을 찾아야 합니다. 바로 X사의 점포에 오는 고객입니다. 점포에서 맥주를 구입하는 고객의 가치를 최대한으로 끌어올리면 AB사, 그리고 X사도 모두 만족할 수 있습니다. 이러한 협조 게임을 서플라이체인, 최근에는 밸류체인(106쪽 참조)이라고 부릅니다.

경쟁의 치열도

마지막으로 '라이벌과의 경쟁'에 대한 미적분적 접근입니다. 라이벌과 경쟁을 하려면 '경쟁이 얼마나 치열한지' 파악하는 것이 중요합니다. 50쪽의 상품 라이프 사이클을 통해 살펴봅시다.

그림 5-7의 도입기, 성장기, 성숙기, 쇠퇴기의 미분계수는 '시장 성장도'를 나타내지만 관점을 바꾸면 또 다른 요인도 보입니다. 바로 '경쟁의 치열도'입니다.

시장이 생기고 어느 정도 시간이 지나면(도입기) 라이벌이 시장에 진입하기 시작하고('경쟁의 치열도' = '미분계수'가 작은 양수), 시장이 성장하면(성장기) 라이벌과의 경쟁이 본격화됩니다('경쟁의 치열도' = '미분계수'가 큰 양수). 시장이 성숙기에 접어들면 점유율은 안정화되고('경쟁의 치열도' = '미분계수'가 0) 쇠퇴기에는 시장 점유에 실패한 기업은 시장에서 후퇴하기 시작합니다('경쟁의 치열도' = '미분계수'가 음수). 즉, 시장 매출의 미분계수를 통해 '경쟁이 얼마나 치열한지' 파악할 수 있습니다.

또한 미분계수의 움직임을 보면 현재뿐만 아니라 미래도 예측할 수(양수 → 0 → 음수) 있습니다.

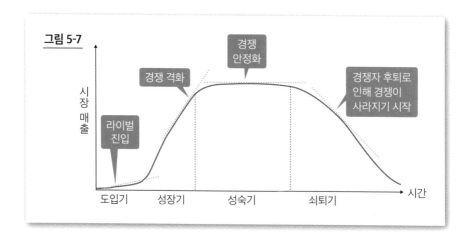

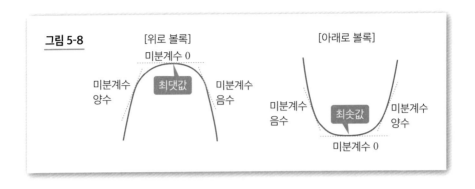

그림 5-8

[위로 볼록]
미분계수 0

미분계수
양수

최댓값

미분계수
음수

[아래로 볼록]

미분계수
음수

최솟값

미분계수
양수

미분계수 0

최댓값과 최솟값

이 곡선을 통해 알 수 있는 사실이 하나 더 있습니다. '미분계수가 0'일 때(성숙기) 시장 매출은 최댓값을 기록한다는 것입니다. 시장이 최댓값을 기록하는 순간부터 (미분계수가 0) 경쟁은 끝을 향해 달려갑니다.

곡선이 '위로 볼록'한 모양이면 미분계수가 0이 될 때 매출은 최댓값을 기록합니다. 그런데 '아래로 볼록'한 모양이면 미분계수가 0일 때 어떤 상태가 될까요? 그림 5-8의 우측을 보면 알 수 있습니다. 바로 최솟값을 기록하게 됩니다.

즉, 위로 볼록인 곡선이면 미분계수가 양수일 때 수치는 상승하고, 미분계수가 0이 되는 시점에 최댓값을 기록한 후, 미분계수가 음수로 돌아서고 수치 역시 하락합니다. 한편, 아래로 볼록인 곡선이면 미분계수가 음수일 때 수치가 하락하고, 미분계수가 0이 될 때 최솟값을 기록한 후, 미분계수가 양수로 돌아서고 수치는 상승합니다.

불필요한 경쟁보다는 판매 가격 전략을 세우자

성장기 시장에서 경쟁할 때는 '커지는 파이를 어떻게 내 것으로 만들까?'에 대한 전략을 취하고, 경쟁을 통해 자신과 경쟁상대 모두 그에 상응하는 보수를 받는 경우가 많습니다. 하지만 언젠가 시장이 성숙기에 접어들면 나 자신도, 그리고 경쟁상대도 보수가 좀처럼 늘지 않게 됩니다. 여태까지는 상품을 계속 만듦으로써 원가를 낮췄지만 이 시기부터는 경쟁상대와의 가격경쟁에 돌입하게 됩니다. 즉, 가격을 내려서 경쟁상대의 파이를 빼앗는다는 전략입니다. 그렇게 되면 죄수의 딜레마 상태(양측에게 불리한 가격 인하 전략을 서로 취하게 됨)에 빠지기 십상입니다. 최근 일본의 수많은 시장에서 이러한 현상이 발생하여 상품 가격이 점점 하락한 결과, 디플레이션®에 빠져 사회를 불행에 빠트렸습니다.

이러한 '가격경쟁' 게임을 반복하게 되면 게임 멤버들이 학습을 통해 '아무리 경쟁해도 행복해질 수 없다'는 협조 게임에 대한 인센티브(동기)를 발동하게 됩니다. 하지만 합병이나 동맹 체결이 항상 가능한 것은 아닙니다. 자사뿐만 아니라 경쟁사 역시 일반적으로 다양한 사업과 상품을 판매하고 있어, A라는 상품은 성숙기라도 아직 성장기인 B 상품은 '가장 치열한 경쟁'을 하는 시기라 동맹을 맺을 만한 상황이 아닐 수도 있기 때문입니다.

그래도 자사에게(경쟁사에게도) 가장 불행한 선택인 성숙기의 가격전쟁(성장기의 가격경쟁은 파이를 키우는 경우도 많지만 성숙기의 가격경쟁은 서로의 이익을 깎아먹을 뿐입니다)만은 반드시 피해야 합니다.

그러면 성숙기의 가격 전략 사례에 대해 살펴봅시다.

사례

A사는 사무실 용품을 생산하는 업체로 주로 인터넷을 통해 판매가 이루어진다. A사의 주력상품 중 하나는 A4 크기의 프린트 용지이다. 이 용지는 IT화의 바람 속에서도 오히려 매출이 상승하였으나 이제는 시장이 성숙기에 접어들어 안정적인 매출을 보이고 있다. 경쟁사로는 비슷한 타입의 회사와 IT벤더가 각각 몇 개 있다.

● 물가가 하락하는 상태. 반대는 인플레이션.

그림 5-9

가격	이익(단위: 천 엔)	가격	이익(단위: 천 엔)
200	42	245	252
205	222	250	100
210	350	255	88
215	318	260	84
220	340	265	66
225	386	270	50
230	288	275	43
235	308	280	15
240	280		

프린트 용지는 판매 가격에 따라 판매량이 크게 변하고, 판매량에 따라 제조원가도 달라지므로 가격 설정이 쉽지 않다. 물론 경쟁상품의 가격에 따라 자사 상품 판매량도 크게 변한다. 그렇다고 해서 경쟁상품의 가격에 따라 매일 판매가를 바꿀 수도 없는 노릇이다. 게다가 A사는 간판방식(판매 가능한 양만 만들고 최대한 재고를 보유하지 않는 방식)을 취하고 있어 생산량(예상 판매량)이 달라지면 공장 생산체제도 바꿔야만 한다.

이러한 상황 속에서, A사는 명확한 가격 전략을 세워야만 하는 처지에 놓였다. A사가 가격 전략을 결정하는 포인트는 '가격과 이익 간의 관계'이다.

A사에서는 A4 용지의 세트당 가격을 200엔에서 280엔 범위 안에서 5엔 단위로 설정했다. 최근 1년간의 가격별 하루당 이익을 계산한 결과는 그림 5-9의 표와 같다.

그러면 판매 가격 전략을 세워 봅시다. 먼저 42쪽에서 했듯이 x축을 판매 가격, y축을 하루당 이익으로 두고 산포도를 그려 봅시다. 역시 엑셀을 이용할 텐데, 이번에는 부드러운 선(평활선이라고 합니다)을 사용해 그려보겠습니다.

엑셀 활용법 5-1 평활선

❶ 가격과 이익 열을 선택한다.

❷ [삽입] 메뉴의 [차트] 탭에서 [분산형] 중 [부드러운 선과 점이 찍혀 있는 타입]
을 선택한다.

그림 5-10

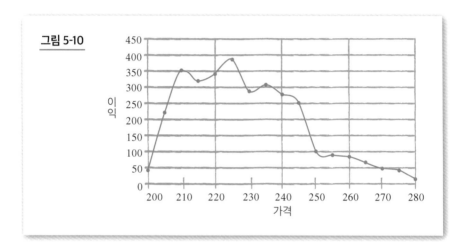

엑셀 활용법 5-1과 같이 그리면 그림 5-10과 같은 곡선이 나옵니다. 이 표를
통해 다음과 같은 사실을 알 수 있습니다.

- 200~210엔 구간에서 미분계수는 양수로
  210엔 근처가 0 = 위로 볼록 = 최댓값

- 210~215엔 구간에서 미분계수는 음수로
  215엔 근처가 0 = 아래로 볼록 = 최솟값

- 215~225엔 구간에서 미분계수는 양수로
  225엔 근처가 0 = 위로 볼록 = 최댓값

- 225~230엔 구간에서 미분계수는 음수로

  230엔 근처가 0 = 아래로 볼록 = 최솟값
- 230~235엔 구간에서 미분계수는 양수로

  235엔 근처가 0 = 위로 볼록 = 최댓값
- 235엔 이상 구간에서 미분계수는 음수

즉, 몇 개의 프라이스 존(가격대)이 존재하며 210엔, 225엔, 235엔 부근에서 위로 볼록하고 전체적으로는 225엔 지점에서 위로 볼록하다는 사실을 알 수 있습니다.

하지만 판매 가격은 이익뿐만 아니라 판매량 = 생산량의 변화 요인이기도 합니다. 생산량은 공장 기계, 작업자, 기타 상품 생산과도 관련이 있습니다. 이 경우에는 210엔, 225엔, 235엔 부근 지점의 판매량(=생산량)을 조사하여 공장 생산량을 조정하고, 각 가격 부근에서 전략적으로 가격을 결정해야 합니다.

한발 나아가 '235엔 부근 가격에서 판매'하기로 결정했다면 해당 구간의 가격을 더욱 촘촘하게 나눠서 미분계수를 파악한 후에, 가장 적합한 가격으로 정해야 합니다.

리스크적 접근

마지막으로 미래를 전혀 예측할 수 없는 '리스크가 있는 상황'에서의 의사결정에 대해 알아봅시다. 리스크적 접근은 '불확실성하에서의 의사결정'이라고 불리는 유명한 개념입니다.

다음 사례를 살펴봅시다.

사례

A사는 수입 상사로, 내년도에 X 나라에서 '참게'와 비슷한 Y게를 현지 기업인 B사로부터 수입할 계획이다. A사의 판매처는 중화요리 등의 레스토랑인데, Y의 수요량과 경쟁 제품인 참게의 내년 어획량을 아직 파악하지 못했다.

B사는 A사에게 연간 계약을 요구하고 있는데, 계약 조건은 1로트, 2로트, 3로트 중에서 선택해야 한다(1로트당 3만 마리). Y를 요리 재료로 사용하는 것은 처음이라 과거 데이터는 존재하지 않는다. A사는 문제 해결을 위해 경영기획부 주도하에 Y가 대성공, 성공, 보통, 실패했을 경우의 상황별 매출과 이익을 예측해 보았다. 결과는 다음과 같으며, 이는 고객 레스토랑으로부터 주문이 들어왔는데 재고가 없을 경우의 위약금도 고려한 수치이다.

그림 5-11

(단위: 만 엔)

결과 \ 전략	1로트	2로트	3로트
대성공	−3,600	−1,800	5,000
성공	−1,400	1,600	3,000
보통	2,400	3,200	−400
실패	2,000	−800	−5,600

이 경우, A사가 취해야 할 전략은 무엇인가?

이렇게 불확실한 상황에서 의사결정을 내려야 할 때는, 다음과 같은 전략을 고려해 볼 수 있습니다.

최대 최대(Maximax)전략

최대 최대전략이란, 각 전략(몇 로트를 구입할 것인가)별로 최선의 경우를 생각하고 그중에서 가장 보수가 큰 제안을 선택하는 것입니다.

1로트일 때 최선의 경우는 결과가 '보통'일 때로, 최대 보수는 2,400만 엔입니다. 2로트일 때 최선의 경우인 '보통'의 최대 보수는 3,200만 엔이며, 3로트일 때 최선의 경우인 '대성공'의 최대 보수는 5,000만 엔이므로 최종적으로 3로트를 선택하게 됩니다.

이는 결과적으로 모든 상황에 대한 최대 보수(표에서 최대 숫자인 5,000)를 선택하는 것과 같습니다. 최대 최대전략은 꿈을 꾸며 최대 보수를 놓치지 않으려는 공격형 전략이라 할 수 있습니다.

최대 최소(Maximini)전략

최대 최소전략은 각 전략별로 최악의 경우를 생각하고 그중에서 가장 보수가 큰 (손실이 가장 작은) 제안을 선택하는 것입니다.

1로트일 때 최악의 경우는 '대성공'일 때의 '-3,600만 엔'이고, 2로트일 때 최악의 경우는 '대성공'일 때의 '-1,800만 엔'입니다. 3로트일 때 최악의 경우는

'실패'일 때의 '−5,600만 엔'이므로 금액이 가장 큰(마이너스를 제거한 절댓값이 가장 작은) 2로트를 최종 선택하게 됩니다.

최대 최소전략은 리스크를 최소화하는 방어형 전략이라 할 수 있습니다.

최소 최대후회(Minimax Regret)전략

최소 최대후회전략은 전략을 취했을 때의 후회에 중점을 둔 전략입니다. 예를 들어, 1로트를 선택했다고 가정해 봅시다. 만약 '대성공'이라는 결과가 나왔다면 '3로트를 구입할 걸'이라고 후회하게 됩니다. 후회의 크기는 '5,000만 엔의 보수를 받을 수 있었는데 −3,600만 엔의 결과가 나왔으니 총 8,600만 엔어치의 후회'입니다. 이를 사례별 표로 만들어 보면 아래와 같습니다.

이 후회표를 이용하여 '각 전략 중에 후회가 최댓값이 되는 경우를 선택하고, 그중에서 후회가 가장 작은 전략을 취하는 것'이 최소 최대후회전략입니다. 최대 후회치는 1로트일 때 대성공의 8,600만 엔, 2로트일 때 대성공의 6,800만 엔, 3로트일 때 실패의 7,600만 엔입니다. 따라서 최대 후회치가 가장 작은 '2로트'를 선택하게 됩니다.

그림 5-12 (단위: 만 엔)

결과 \ 전략	1로트	2로트	3로트
대성공	8,600	6,800	0
성공	4,400	1,400	0
보통	800	0	3,600
실패	0	2,800	7,600

미쓰비시자동차는 연비 조작 사실이 발각되어 붕괴했지만 사실 그전에 조작에 대해 공표할 타이밍이 몇 번 있었다고 합니다. 미쓰비시자동차에게는 조작 사실을 '공표한다'와 '공표하지 않는다'라는 선택지가 있었던 셈입니다. 각각의 결과는 부정이 '밝혀진다'와 '밝혀지지 않는다'입니다.

최대 최대전략이라면 '공표하지 않는다'의 '밝혀지지 않는다' 경우의 최대이익을 얻게 됩니다. 최대 최소전략이라면 '공표한다'의 '밝혀진다'라는 최악의 경우에 받게 될 손해를 줄일 수 있습니다. 최소 최대후회전략의 경우에는 공표할 때의 후회가 '공표하지 않았더라면 사실이 밝혀지지 않았을지도 모른다'이고, 공표하지 않았을 때의 후회는 '공표했더라면 회사가 없어지지 않았을지도 모른다'입니다. 어느 쪽이 더 후회가 클지는 생각해 보면 답이 나옵니다.

불확실성의 시대라고도 불리는 현대 사회에서는 '최대 최소전략'을 택해 손해를 최소화하는 것이 요구되고 있습니다. 또한 '무슨 전략을 취하면 상황이 좋아질지 알 수는 없지만, 적어도 후회 없는 길을 택하고 싶다'는 것이 경영자의 마음입니다. 즉, 최소 최대후회전략입니다.

이 두 전략은 현대 전략의 기본이라 할 수 있습니다. 무조건 앞만 보고 달리던 최대 최대전략의 시대는 이제 막을 내리고 있습니다.

나가며

필자는 예전에 건강진단에서 성인병이라는 진단을 받은 적이 있습니다. 결국 관리영양사(필자의 둘째 딸도 관리영양사입니다)라는 성인병 컨설턴트로부터 일상생활의 '식습관 개선'과 '꾸준한 운동'을 하라는 처방을 받았습니다. 또한 관리영양사는 건강한 식단과 구체적인 운동 사례를 알려주었습니다.

이 책의 독자는 앞의 '들어가며'에서 설명한 FF 신드롬(미래를 예측하지 못하는 증후군) 혹은 그 예비군입니다. 성인병 환자에게 '식습관 개선'이 필요한 것처럼, FF 신드롬에 걸린 사람은 가장 먼저 '업무처리 방식 개선'을 해야 합니다. 이때 필요한 개선 식단(예측 기술)이 바로 이 책입니다. 그리고 이러한 '예측 기술'을 일상생활 속에서 '계속해서' 활용해 주시기 바랍니다. 이것이 성인병 환자의 '꾸준한 운동'에 해당하는 항목입니다.

'미래 예측이 필요한 상황'은 앞으로도 계속 일어납니다. 여러분은 지금까지 많은 '기술'을 익혀왔으니 어떠한 상황에서도 충분히 '미래를 예측하는 방법'을 찾아낼 것입니다. 그리고 언젠가 자신을 되돌아보면 FF 신드롬과 그로 인한 스트레스를 해소하고 미래를 위한 꿈을 꾸는 스마트한 비즈니스 리더로 변해 있을 것입니다.

그리고 이 책에는 또 다른 목적이 있었습니다. 바로 수학 알레르기를 고치는 것입니다. 지금까지 이 책을 읽은 독자 여러분이라면 다음과 같은 수학 용어를 공부하고, 체험하며 대화에도 활용할 수 있게 되었을 겁니다. 책에 나오는 순서 대로 열거하면 다음과 같은 용어들입니다.

모집단, 샘플, 표준편차, 미분, 적분, 미분계수, 기댓값, 회귀분석, 회귀직선, 선형, 회귀식, 설명변수, 파라미터, 피설명변수, 중회귀분석, 지수, 지수함수, 베이즈 정리, 사전 확률, 사후 확률, 조건부확률, 상관분석, 상관계수, 절댓값, 히스토그램, 확률밀도함수, 정규분포, 안전재고, 3시그마, 로그, 상용로그, 로그함수, 자연로그, t검정, 기각률, 유의차, 카이제곱(x^2) 검정, 계수치, 계량치, 시계열분석, 한계, 한계이익, 벡터, 합성 벡터, 포지셔닝 그래프, 성장 벡터, 대기이론, 수량화, DCF, 등비수열, 무한등비급수, 마르코프 체인, 게임 이론, 게임 트리, 죄수의 딜레마, 협조 게임, 제로섬 게임, 최대 최대전략, 최대 최소전략, 최소 최대후회전략……

여러분은 이 책을 통해 위와 같은 '어려운 용어'를 배웠습니다. 그리고 이렇게 속세와 동떨어져 있는 것처럼 보이는 용어를 비즈니스에 '활용할 수 있다는 사실'도 체험했습니다. 앞으로는 주저하지 말고 당당하게 비즈니스 현장에서 이 용어들을 사용해 주십시오. 아마 주위 사람들은 당신의 변한 모습을 보고 깜짝 놀랄 것입니다. 그리고 앞으로도 천재 수학자들이 고안한 '수학'의 세계를 '공부'하는 것에 그치지 말고, 비즈니스에 다양하게 활용해 주십시오. 여러분이 이미 깨달았듯이, 수학은 현대 비즈니스의 인프라니까요.

찾아보기

ㄱ

검정 100
게임 이론 164, 165
게임 트리 165
게임의 해답 165
계량치 104
계수치 104
고객만족도 144
공수 70
공수 견적 69
광역전 163
국지전 163
귀류법 100
귀무가설 100
규모 94
균형 159
기각률 100
기댓값 37, 104
기업가치 152

ㄴ

내추럴 로그 95
노화현상 30

능력주의 27
니처(틈새) 전략 163

ㄷ

대기이론 128
데시벨 94
델타 115
도박꾼의 파산 문제 162
도수 77, 78
도착 인원수 129
등비수열 152
디플레이션 173

ㄹ

란체스터 163
로그 113
로그곡선 95
로그함수 94
로열 커스터머 159
로열티 159
로열티 마케팅 159
리더 전략 163

ㅁ

마르코프 연쇄 156
마르코프 체인 157, 159
모집단 19, 101
목표 원가 70
무한등비급수 153
미적분적 접근 17, 21, 49,
      77, 113, 144, 171

ㅂ

바이어 98
밸류체인 106, 170
베이즈 정리 65, 66
베이즈 필터 68
부적 상관 74
브랜드 스위치율 156

ㅅ

사상 66
사업부제 120
사전 확률 65

사후 확률 65

산포도 40

상관계수 71

상관분석 71, 75

상관없음 72, 74

상권 46, 58, 138

상용로그 93

상품 라이프 사이클 이론 51

상품인지 51, 54

상품차별화 전략 163

샘플 19

생산 전략 68, 77

생산재 69

서플라이체인 170

선형 59

설명변수 45

성장 벡터 124

손익분기점 116

수량화 142

수열 152

수주 생산 68

시각화 117

시계열분석 108

시뮬레이션 158, 165

시장 개발 51

실제 파이 137

실측값 104

ㅇ

안전재고 89

여론 조사 19

예상고객 51

예측 생산 68, 77

예측주가 152, 153

원가 견적 69

유의차 102

이론주가 152, 153

일반화 31, 65

ㅈ

자연로그 95, 113

재구매율 156

절댓값 74, 142

점포개발 39

접선 23, 50, 120

정규분포 81, 87

정규화 31

정량적 데이터 141

정성적 데이터 141

정적 상관 72, 74

제곱근 20

제로섬 게임 170

조건부확률 65, 67

조합 31

죄수의 딜레마 169

중회귀분석 49, 76, 140

지수곡선 59, 120

지수함수 59

지역 마케팅 137

진입장벽 54

ㅊ

처분손실 85

최대 최대전략 178, 180

최대 최소전략 178, 180

최소 최대후회전략 179, 180

ㅋ

카이제곱 검정 104

캐시플로 경영 153

커리어 프로세스 123

커리어 플랜 123, 124

ㅌ

탑 셰어 현상 55

테스트 마케팅 38

통계적 접근 17, 19, 39, 106, 137, 164

ㅍ

파라미터 45

파워 게임 170

파이 현재율 137

퍼텐셜 파이 137

평활선 174

포지셔닝 그래프 123, 124

포화 전략 163

프랜차이즈 39

피설명변수 45

피어슨의 적률상관계수 71

ㅎ

한계이익률 117

한계혁명 115

할인율 151

합성 벡터 122, 124

허용결품률 88

허프 모델 58

협조 게임 170

확률곡선 79

확률밀도함수 79

확률적 접근 17, 18, 30, 33,
     64, 98, 128, 156

회귀분석 41

회귀식 43, 70

회귀직선 42, 73

후회표 179

흡인력 58

히스토그램 78, 81, 87

기타

100의 3 상품 개발 30, 33,
     51, 55

3시그마 92

CS 144

DCF 151

t검정 101

POST SCIENCE/14

수포자를 위한 미래전략 기술

초판 인쇄 2021년 2월 15일
초판 발행 2021년 2월 20일

지은이 우치야마 쓰토무
옮긴이 장은아
펴낸이 조승식
펴낸곳 (주)도서출판 북스힐
등록 1998년 7월 28일 제22-457호
주소 01043 서울시 강북구 한천로 153길 17
홈페이지 www.bookshill.com
이메일 bookshill@bookshill.com
전화 02-994-0071
팩스 02-994-0073

값 13,000원
ISBN 979-11-5971-313-2